멈출 수 없는 공간개발의 미래과제와
부동산 투자의 새로운 시각

멈출 수 없는
UNSTOPPABLE

공간개발의 미래과제와
부동산 투자의 새로운 시각

최준호 지음

매일경제신문사

프롤로그

코로나 시대의 역설

코로나19바이러스(COVID-19)의 시대가 모두의 바람과는 다르게 그 끝이 어딘지도 모르게 길게 늘어지면서, 처음에는 블랙&화이트 위주의 마스크 세상에서 시간이 더 흐르면서 형형색색의 마스크가 등장하고 있다. 일상생활 역시 '언택트 시대'와 '사회적 거리두기'가 강조되고 습성화되면서 모임과 만남 자체가 조심스러워지는 한편, 보다 더 중요한 모임과 보다 더 소중한 사람만 결과적으로 남게 되는 요즘이다.

'코로나 시대의 역설'이라고나 할까? 스스로도 인식하지 못하는 사이에 상호 교류해오던 그 대상의 의미가 자연스럽게 판단되고 평가되며, 보고 싶고 만나고 싶다가도 참을 수 있는 이들도 생긴다. 또한 꼭 가지 않아도 될 자리를 가리게 되고, 새삼 촘촘히도 세상에서 더 귀한 것들을 본능적으로 가르쳐주고 새로운 경험을 하게 해주는 것이 바로 코로나이기도 하다.

코로나19 팬데믹 현상은 우리나라뿐만 아니라, 전 세계의 경제 및 산업 전반에 걸쳐 막대한 영향과 변화를 초래해왔고, 코로나의 장기화가 계속될 경우 일어날 수 있는 영향 예측에 촉각을 곤두세우며, '위드 코로나(With Corona)' 시대의 대안들도 활발해지고 있는 상황이다.

우리나라의 경우, 통화량의 양적 완화와 금리조정, 재난기금 지원 등 경기침체를 막기 위한 발 빠른 움직임들이 진행 중이나, 경제성장 둔화의 장기화 가능성과 민간소비의 위축은 경제 전반의 마비 가능성까지 염두에 두며, 과거의 'IMF 사태'가 재소환되는 등 경기불황의 장기화 우려가 조심스럽게 예상되기도 한다.

이미 기업의 경우는 지속적인 매출감소, 언택트 시대 온라인 비즈니스의 확산 등 사업규모 재편 가능성과 실행 타이밍에 무게중심이 이동하고 있으며, 개인의 경우도 재테크 및 자산관리의 리스크 감소와 가치보전을 위한 위기 시대의 새 투자처 발굴로 관심이 변하고 있다.

경기부진에 따른 기업 이익감소와 경제불황의 근본적 리스크가 해소되지 못한다면, 주식 시장의 주가 하락 가능성은 충분히 예상 가능하고, 경제불황때마다 상대적 안전자산으로 여겨지는 금과 달러는 자산 가치의 보전을 위한 투자처로 각광을 받기 시작하며, 달러 예금 역시 투자 피난처로 그 이름을 올리고 있다.

부동산 시장의 경우는 금리 변동정책과 이로 인한 유동성 변화에 따른 일부 지역의 가격변동 가능성과 전반적 경기 부진과 정부의 규제 정책 등의 원인으로 부동산 시장 지표의 전반적 하락세가 예측되기도 한다.

불확실성의 시대,
투자 인사이트(Insight)와 투자 정보들

지금 같은 불확실성의 시대와는 비록 그 결이 다르기는 할지라도 이미 우리가 경험하고 지나왔던 'IMF 경제 위기' 시대가 있었고, 글로벌 금융 위기의 '리먼 사태'도 있었다. 이 두 위기는 금융산업뿐만 아니라 부동산 산업의 전반과 부동산 투자 및 부동산 사업개발 측면에서도 직·간접적 으로 많은 영향을 끼치며 지나왔던, 예측하지 못한 사건들이었다.

'코로나 사태'는 그동안의 경제활동과 여가활동, 모든 일상적 활동에 있어 급격한 제약과 변화를 가져옴으로써, 오랜 기간 통계적 자료로 차곡히 쌓여 하나의 유의미한 추계 데이터로 분석되고 활용되어지던 예측 지표들이 갑작스럽게 실종되는 경험을 안겨주고 있다.

앞으로 또 어떤 유형의 불확실한 상황과 예측하지 못한 위기가 찾아올지 쉽게 예상하고 판단하기 힘들겠지만, 이런 순간일수록 사업개발의 근간(根幹), 부동산 및 자산의 속성(屬性)을 보다 냉정하게 분석평가하고, 기본에 충실해야 한다. 앞으로 직면하게 될 위기 시의 해결책은 과연 무엇일까? 이 책은 바로 이런 문제에 대한 의문과 질문으로부터 시작하게 된다.

부동산 사업개발과 투자 활동에서의 '펀더멘털(Fundamental)'과 '패러다임(Paradigm)'을 찾고, 그 기본적인 속성과 가치, 변화하고 진화하는 끊임없는 움직임 속에서 '사업 및 공간개발의 미래방향과 부동산 투자의 새로운 시각'에 대한 고민과 진단을 소개하고, 공유하며, 또한 같이 논의하고자 하는 목적에서 출발하게 되었다.

다양한 유형의 부동산 사업진단과 부동산 투자 기법 등을 소개하고 있는 책들은 과거에도 그랬고, 지금 이 순간에도 쉼 없이 쏟아져 나오고 있으며, 수많은 투자 정보와 실전 투자의 법칙들을 전달하고 있다.

이 책에서는 부동산 사업개발 및 투자 시 직면하게 되는 단계별 의사결정과정에서, 부동산 시장의 매커니즘을 보다 잘 인지하고 이해하며 변화하는 패러다임 속에서 정보 전달의 매개체 역할보다는, 그 과정 속에서 감히 '인사이트(Insight)'를 부여하고 공유되기를 희망한다.

다양한 부동산 분야의 필드플레이어(Field Player)로서의 경험들과 시각

필자가 대학과 대학원에서 '공간 및 단지계획설계'와 '도시설계'에 심취해 학교 공부와 논문을 마치고 현업에서 일을 막 시작하던 1990년대 초 즈음은, 생활수준과 소득수준의 향상에 따른 '삶의 질' 추구 등 국민 가치관의 변화와 여가시간 증대 등으로 '여가의 신시대(新時代)'가 새롭게 열리던 시기였으며, 이에 따라 전 국토가 리조트 및 관광단지 개발 붐이 일어나던 시기였다.

이에 따라 '무주리조트 Revised Master Plan', '제주 중문관광단지', '제주 성산포 해양관광단지', '축령산리조트단지', '중국 길림성 안도현 장백산(중국 측 백두산) 총체개발' 등의 프로젝트들을 진행하면서 자연스럽게 '토지계획가(Land Planner)'와 '단지설계가(Site Designer)'의 꿈을 키워가던 시절이었다. 그럼에도 늘 마음 한편에는 진행하는 프로젝트들의 최종 의사결정과정에서 'Site Plan&Design'에 앞서는 그 무언가가 존재함이 단지계획·설계 전공자로서는 항상 의문과 욕구불만이 있었던 시절이었다.

그래서 그 무언가의 실체인 프로젝트의 '사업성과 경제성 논리'에 대해 보다 더 공부하고 경험해야 더 나은 '계획과 설계'를 잘 수행할 수 있겠다는 일념하에 사업개발 및 프로젝트의 경제적 타당성과 마케팅전략을 마음껏 경험할 수 있을 것 같은 외국계 컨설팅회사로 잠시 외도를 결심하게 된다.

잘 배우고 경험해서 다시 2~3년 후에는 단지계획과 설계 분야로 컴백하리라 다짐을 하면서 이직을 하게 되었지만, 부동산 사업개발이 가지는 복잡성, 어려움과 더불어 역동적인 매력에 이끌려 결국은 돌아오지 못하고 5년간의 전공분야 일을 접고 새로운 경험들을 시작하게 된다.

그 당시 '부동산 전문컨설팅 분야'는 해외에서는 이미 태동한 지가 무려 100여 년이 넘는 역사를 바탕으로 다양한 방법론과 노하우로 부동산 사업 및 공간개발, 사업성 분석, 부동산 마케팅 분야 등에서 필수적인 업무영역을 구축하고 있었으나 한국에서는 이제 막 진출하는 상황이었다.

필자가 수행한 프로젝트들과 주 업무 분야는 주로 지자체 및 국내 대기업의 부동산 사업개발 프로젝트의 물리적 타당성과 경제적 사업성 검토, 아웃바운드(Out-bound) 또는 인바운드(In-bound) 국내외 기업 대상의 컨설팅 프로젝트들이었다. 주로 도심 및 복합개발 프로젝트, 단지개발, 기업 보유 부동산개발, 여가공간 및 리조트 프로젝트, 호텔 및 주거개발, 상업시설개발 등의 부동산 사업개발과 함께 개발컨셉 구상 및 마스터플랜 수립, 시장성 및 경제적 타당성 분석, 마케팅전략 수립 및 프로젝트 가치평가와 사업타당성 등 다양한 성격의 프로젝트들을 수행할 수 있었다.

한국 부동산 시장이 개방되고 외국의 다국적 투자자들이 한국에 진출하게 된 이후에는 NPL, 가치분석 및 권리분석, 사업개발 및 투자 유치자문, 부동산 금융자문 등의 업무가 활발해졌다. 또한 기업 보유 부동산의 총체적 사업기획, 부동산 운용 최적화 방안, 보유 부동산 및 투자 대상 부동산의 포트폴리오전략, 자산운영관리전략 등의 최적자산관리 및 가치향상 등의 기업컨설팅 업무들도 꾸준히 경험하게 되었다.

대기업 및 중견기업, 외국계 기업, 정부 및 지자체 등 다양한 클라이언트들을 대상으로 프로젝트들마다 다양하고 복잡한 과제, 만만치 않은 이슈들을 상대로 문제점을 분석하고 또 고민하고 해결해나가는 것은 하나같이 쉽지 않은 일이었지만, 성공적으로 마무리한 이후의 성취감도 참 많았던 시절이었다.

이후, 사업개발 및 투자사업 분야에서 전문가적 역량을 펼쳐보고 싶었고, 필드플레이어로서 현장 경험을 하고자 기업체로 자리를 옮겨 국내 사업개발과 해외 사업개발 업무를 담당하며 다양하고 광범위한 부동산 분야의 업무를 계속 수행할 수 있었다.

국내 사업개발을 위한 전국 대상의 시장조사분석 및 상권분석, 개발프로젝트분석 등의 사업개발 업무와 프로젝트 매니지먼트, 자산가치 및 권리분석, 채권보전 및 리스크 관리, 최적의 부동산 금융 활용방안 실행 등이 주요 업무였다.

해외사업개발 업무로는 중국 전역을 대상으로 사업개발 업무를 진행하며, 중국 5개 대도시(베이징, 상하이, 텐진, 광저우, 선전) 및 23개 주요도시(충칭, 우한, 닝보, 난징, 시안, 쑤저우, 항저우, 지난, 칭다오, 샤먼, 종산, 주하이 등)와 미국 및 동남아 등이 그 대상지였다.

해외사업의 전략개발 및 실행계획(Action Plan), 파트너십전략, 출점 프로젝트의 설계 및 시공 과정과 오프닝을 비롯해 중국 부동산 시장의 키

플레이어인 홍콩계 및 싱가포르계 개발상, 로컬 개발상, 주요 대형 리테일러, 컨설팅 펌, 시 정부 대상의 네트워크 관리업무를 수행하며 중국 전역의 30여 개에 달하는 신규계약 및 MOU 체결을 하기도 했다.

이 책을 집필하게 된 직접적인 동기는 그동안 공부하고 업무를 수행하면서 경험하게 된 부동산 사업개발과 부동산 금융 및 투자 업무 등의 수행 경험을 바탕으로, 사업개발 및 투자 분석단계에서부터 실행 및 관리단계까지의 전 단계에 걸쳐, 경험하고 느꼈던 점들을 기록하고 남기고 싶었기 때문이다. 또 한편으로는 이 분야를 경험하고자 하는 후배들과 공유해야 한다는 의무감에서 시작되었음도 부인할 수 없을 것이다.

부동산 투자의 새로운 시각과
사업개발의 뉴 패러다임

1장에서는 한국의 부동산 시장 개방과 함께 시작된 글로벌화의 과정에서 외국투자기업들과 진행된 각기 다른 유형의 프로젝트를 통해 글로벌화 과정의 명(明)과 암(暗)을 살펴보고, 이를 통해 긍정적인 부분과 여전히 과제를 안고 있는 한국 시장의 실체와 부동산 사업개발의 과제를 파악하고자 했다.

2장에서는 그동안 길게는 수십 년 동안 지속되어온 개발사업자 및 디벨로퍼, 즉 공급자 위주의 부동산 사업 관점에서 벗어나, 보다 바람직하고 미래지향적이며 창조적인 공간개발의 과제를 살펴보고, 이를 실현하기 위한 구체적 전략과 방안에 대해 두 프로젝트의 모델을 통해 제안하고자 했다.

3장에서는 쉼 없이 진화 중인 부동산 사업 및 개발 프로젝트들 중에서 초고령사회로 급속히 변하고 있는 사회구조적 변화과정에서 도시 및 타운개발의 새 모델로서 활동적 은퇴자 공동체 커뮤니티(AARC, Active Adult Retirement Community)의 나아가야 할 방향과 미래 개발과제에 대해 정리해보았다.

또한 최근에 이슈가 되고 있는 한류(韓流) 콘텐츠의 공간화와 오감(伍感) 브랜딩의 공간창출 과제와 관련해 콘텐츠와 프로그램에 대해 구상해보았으며, 그동안 부단한 노력을 했음에도 성공하지 못한 국제적 수준의 대형 테마파크 유치의 근본적 문제점과 그 과제에 대해 살펴보고자 했다.

4장에서는 한국 부동산 시장이 개방된 지 벌써 20여 년이 훌쩍 지나는 기간 동안의 궤적을 되돌아보며, 다국적 글로벌 투자기업의 보다 객관적이고 냉정한 시각으로 바라본 한국의 부동산 시장을 조명해보고,

그동안 부동산 투자 시장에서 가장 활발했던 NPL(Non Performing Loan, 부실채권의 담보 부동산) 시장과 오피스빌딩 시장에서 시장 개방 전후의 변화 과정과 보다 성숙되기 위한 글로벌화의 과제들을 조명해보고자 했다.

5장에서는 우리에게는 이미 관습과 규범처럼 익숙해져 있는 것들이지만, 외부의 객관적인 시각으로는 독특하고 생소한 한국의 부동산 제도와 시스템 몇 가지를 재정의하고 그 속성들을 분석해봄으로써, 한국 부동산 시장만의 특수성에 대해 재인식하고자 했다.

6장에서는 부동산 투자 시장에서 변화하는 패러다임의 근원적 실체와 투자 상품가치의 구조를 분석하고, 무엇보다도 부동산 투자 상품별 고유의 특성과 함께 지나온 수십 년 시절 동안의 부동산 시장의 흐름과 이에 대한 총체적 변화의 흐름을 파악하고자 했다. 또한 이를 통해 한국 부동산 시장의 고유한 특성과 자산 유형별 시장의 메커니즘을 인식하고, 변화하는 투자 환경에서 리스크 관리의 주요 사항들을 살펴보고자 했다.

7장에서는 한국의 부동산 시장에서 땅이 가지는 의미와 함께 불황기에도 꾸준히 상승하며, 세대를 걸쳐 지속적으로 상승 일변도인 지가상승 추세의 원인을 살펴보고자 했고, 더불어 부동산 투자의 근원이 되는 토지 시장의 특성과 땅의 가치에 대해 파악하고자 했다.

8장에서는 전국에 걸쳐 산재해 있는 국내외 투자 유치를 희망하는 프로젝트를 대상으로 사업화 단계의 핵심과제와 투자 유치의 성공요인, 사업화 실행단계에서의 공간개발 모델과 딜 스트럭처(Deal Structure) 방안을 제시하고자 했다.

아쉽게도 시작 단계에서 기획했던 통일시대 북한의 부동산 대상 사업기회와 지속가능한 미래개발, 거대한 테마파크 자체인 북한의 물리적, 공간적, 문화적 잠재력과 관광 및 여가공간개발, 그리고 부동산 사업개발에 있어 물리적 공간개발 과정과 시장 및 경제적 타당성 분석 과정의 연관성 및 계량화, 미래지향적 기업 보유 부동산의 자산 및 운용 전략 등의 주제는 기회가 된다면 마무리하리라 스스로 다짐해본다.

최준호

차례

쉼 없이 진화 중인 부동산 투자와 사업개발, 또 다른 과제

다국적 글로벌 투자기업의 시각으로 조명하는 한국의 부동산 시장

PART 04

한국 부동산 시장의 특성, 그 몇 가지

PART 05

부동산 투자 상품가치,
패러다임의 변화와 리스크 관리

PART 06

부동산 투자에서의 땅의 힘,
토지 투자의 성공 방정식

PART 07

PART 08 부동산 사업개발 및 공간개발, 사업화 단계의 핵심과제

한국 부동산 시장 글로벌화의 명과 암

01

IMF 경제 위기의 기억과
한국 부동산 시장의 개방

한국 부동산 시장은 그동안 수급의 불균형, 가격의 불안정성 등을 감안해서 매우 폐쇄적으로 운영되어 왔으나, 1997년 말 IMF 금융위기 이후 외국자본의 적극적 유입이 필요했고, 침체된 부동산 경기를 활성화하기 위해 굳게 닫혀 있던 부동산 시장을 대외적으로 개방하게 된다.

그동안은 외국인에게 허용되지 않았던 건물임대업, 분양공급업, 토지임대업과 더불어 개발공급업까지 건설업 및 부동산 관련 업종이 전면 개방되었다. 이로써 외국인도 내국인과 동등한 지위에서 토지를 취득할 수 있을 뿐만 아니라 부동산업을 영위할 수 있게 된, 말 그대로 한국의 부동산 시장이 다국적 부동산 투자 주체 및 선진화된 노하우를 장착한 세계 유수의 부동산 투자그룹과 디벨로퍼들에게 개방되어 국제적 시장으로 변화하게 되는 역사적 전환점의 순간이었다.

이를 계기로 이미 동남아시아권의 주요 부동산 투자 시장인 홍콩, 싱가포르, 일본, 대만, 말레이시아, 인도네시아, 중국 등지에서 활발하게 활동하던 글로벌투자은행, 투자금융회사, 부동산 투자회사 등의 다국적 투자기업들이 진입하게 되었다. 골드만삭스, 도이체방크, 모건스탠리, 메릴린치, JP 모건, 캐피탈그룹, 리먼 브라더스, GIC, 론스타, 콜로니얼 인베스트먼트, AIG, 로담코, 스와이어 프로퍼티스, HINES 등이 그 대표적 기업들이었다.

시장 개방 이후 20여 년이 넘는 시간이 지나오는 동안 다국적 외국 기업들은 시장 개방 초기의 NPL 시장, 현재까지도 활발한 오피스빌딩 시장뿐만이 아니라, 리테일을 포함한 상업시설, 물류단지 등의 산업시설 투자, 개발사업에 이르기까지 다양한 분야에서 그들 나름의 투자 시장 기회와 투자 셈법으로 활동해오고 있다.

부동산 시장 개방 과정에서 때로는 '국부유출'과 '먹튀' 논란을 겪기도 하고, 그들의 막강한 투자 자본과 공격적 투자 활동에 경쟁력과 대비책을 채 갖추지 못한 채, 많은 알짜의 부동산 자산과 투자 기회를 잃기도 했지만, 궁극적 의미에서 부동산 시장의 글로벌화는 마땅히 겪어야 할 과정이기도 했다.

급박하고 당황스럽게 마주하게 된 IMF 경제 위기 역시 그 과정과 결과에서 논란이 있기도 하지만, 과연 한국의 시장 개방과 외국자본 없이 그 위기를 극복해내고 탈출할 수 있었을까 하는 생각에는 의심의 여지가 없을 것이다.

이렇듯 한국 부동산 글로벌화의 과정은 말 그대로 명과 암이 상존하면서 바야흐로 20여 년이 훌쩍 넘는 시간을 지나왔고, 그동안 있었던 많은 일들 중에는 반드시 기억하고 두 번 다시는 반복되지 말아야 할 일들도 있다. 또 한편으로는 더 성숙되고 바람직한 한국 부동산 시장의 면모를 갖추기 위해 보다 개선되고 나아져야 할 모습들도 있을 것이다. 여기에서 그 몇 가지의 단편과 편린(片鱗)들을 통해 그 명암들을 조명하고 단상(斷想)해보고자 한다.

궁여지책, 여의도 1만 평
서울시 소유 부지와 'AIG 프로젝트'

한국의 금융 중심지인 여의도 요지의 1만 평 부지에 지금은 초대형 빌딩 32층, 29층, 55층 규모의 3개동 업무용 타워와 38층 객실 수 464개 규모의 힐튼계열사 콘래드 서울호텔, 지하에는 최신식 컨셉의 IFC몰 등으로 구성된 도심복합개발 건물이 있다. 여의도 랜드마크로 자리잡은 연면적 505,000㎡의 국제금융센터(IFC Seoul)는 서울시의 외자유치를 통한 부동산개발 프로젝트로는 1호에 해당하는 초대형 프로젝트였다.

IMF 금융환란이 발생하고 외자유치의 필요성이 증대되는 시점에서 서울시는 궁여지책(窮餘之策)으로 시 보유 부지인 한강진을 비롯한 수개의 대상지를 선별해서 외국인투자기업 유치를 통한 부동산개발프로젝트를 진행하게 되었으며, 이 'AIG 프로젝트'는 서울을 홍콩과 싱가포르에 버금가는 동북아의 금융허브로 만드는 것을 꿈꾸며, AIG의 아시아 HQ를 유치하기 위한 일환으로서 프로젝트에 착수하게 되었다.

여의도 국제금융센터

영등포구 여의도동 23번지 일대 1만 평의 국제금융센터인 IFC Seoul
의 부지는 1978~1995년까지는 종합안보전시장으로, 1996~2003
년 기간 동안에는 여의도 중소기업박람회장 용도로 사용되어 왔으며,
2004년 당시에는 한나라당이 천막 당사를 지어 한동안 당무를 봤던
곳이기도 했다.

그 당시는 중앙정부와 서울시를 비롯한 전국의 주요 지자체에서 국
가적 경제 위기 상황 극복을 위해 외국인 투자 유치를 강하게 촉구하
던 시절이었다. 투자 유치를 위한 다양한 개발사업 프로젝트가 연구되
고 범국가적 차원의 마케팅 활동이 시작되었으며, 1998년 처음 제정된

'외국인투자촉진법'에 따라 '외국인 투자 지역' 지정과 경쟁력 있는 투자 지원 인센티브 마련 등의 구체적 활동들이 막 전개되던 시절이었다.

서울시는 여의도를 동북아 자산운용 중심의 금융허브로 육성하고 서울의 금융 경쟁력을 높이기 위한 기치를 내걸고 당시의 이명박 서울시장 주도하에 미국의 다국적 종합금융업체이자 자체적인 개발회사를 가지고 있는 AIG그룹(American International Group Inc.)을 대상으로 투자 유치의 밑그림을 갖고 협상 테이블을 진행하게 된다.

마침 필자는 'AIG 프로젝트'에서 서울시의 경제진흥본부 자문위원 자격으로 협상을 위한 준비사항과 유의사항, 그리고 카운터 파트너인 AIG측의 조건들을 분석하고 조율하기 위한 가이드라인 등을 상의하고 자문하는 역할을 담당하게 되었다. 또한 상호간 MOU 체결 이후에는 당시 근무하던 외국계 회사에서 AIG 측의 컨설팅 의뢰에 따라 본 프로젝트의 시장성과 사업타당성(Market&Financial Feasibility)의 총괄책임자로 보다 깊숙이 참여하게 되었던 프로젝트였다.

투자 유치를 위한 협상단계에서의 가장 주요한 사항은 무엇보다는 상호간 윈윈(Win-Win) 할 수 있는 투자 구도(Deal Structure)를 창출해내는 일이었고, 이에 더해 본 프로젝트의 의미와 특성을 반영해서 상호간 '명분과 실리'라는 두 가지 조건을 충족시킬 수 있는 투자 조건의 조율이었다.

한국의 부동산 시장 개방 이후 활발하게 진행되어 왔던 NPL 시장이나 오피스빌딩 시장에서의 외국인 투자자 유치 상황과 실적에 비해, 개발사업 부문에서의 외자유치는 상대적으로 몇 배 내지 몇십 배의 어려움을 겪을 수밖에 없는 상황이었다.

이는 개발사업 자체의 특성상 생소한 국가에서의 정부 인허가 과정을 비롯해서 도로 및 공급시설 등의 사회기반시설 지원문제, 장기간이 소요되는 사업건설단계, 내수 시장에 기반한 사업인 경우의 사업운영단계 등에서 극복해야 할 난제들이 그만큼 많았기 때문이었다.

이러한 상황들을 감안할 때 서울시 입장에서는 그동안 지지부진했던 개발사업 부문에서 외국의 대형 투자자를 유치함과 동시에 동북아 시장에서의 경쟁력 있는 금융허브타운의 초석을 다질 수 있는 계기가 되는 중요한 프로젝트라는 점에서 큰 의미를 가졌다.

또한 다국적 글로벌투자자이자 대형 디벨로퍼인 AIG그룹 입장에서는 무엇보다도 프로젝트의 전반적 단계에 걸쳐 서울시의 보증을 받으며 사업 리스크를 최소화할 수 있는 보장된 사업조건을 구비하는 것이 대전제 조건이었을 것이다.

협상단계에서의 하이라이트는 역시 다른 나라에 비해 상당한 수준의 토지 비용과 관련한 적절한 세부조건과 그 이행사항이었으며, 대규모 개발사업임을 감안한 기반시설공사 차원의 사업지원인, 대상 부지와 주변 지하철 역사와의 지하통로 공사지원 여부였다.

토지 비용은 다른 국가에서의 일반적인 개발 프로젝트의 경우 보편적으로 사업 총비용의 10~15% 정도 또는 사업지 위치에 따라 최대 25% 이하 수준인데 비해, 한국의 경우는 통상 토지 비용이 20~25%를 상회하고 있고, 도심사업의 경우는 35% 그 이상을 상회하는 프로젝트도 많은 상황이다. 결론적으로 토지문제는 장기 무상임대로 결정되었으며, 상호간 다소 논란이 되었던 임대기간 역시 끈질긴 줄달리기 협상 끝에 99년의 무상임대기간이라는 파격적인 조건으로 마무리되면서 프로젝트는 빠르게 진행되었다.

프로젝트의 개발컨셉 설정과 사업타당성 측면에서는 여의도 중심업무지구(YBD)에 위치한 1만 평 규모의 부지라는 점을 고려해 오피스와 호텔, 상업시설 등을 갖춘 도심복합상업시설개발(Mixed Use&Commercial Development)로 개발전략을 쉽게 결정할 수 있었으며, 문제는 오피스시설의 적정 규모와 리테일&쇼핑센터의 적정 유형과 규모 문제였다.

그동안 기존 쇼핑시설 및 백화점 사례를 감안하면, 여의도 상권에서 일반적인 대형백화점은 성공 가능성이 상당히 낮은 아이템이었으며, 이는 여의도 자체의 지역생활권이 다리만 건너면 남쪽 방향으로는 영등포 부도심의 대형 유통시설이 있고, 또한 도심 방향으로는 명동과 남대문 주변의 다양한 대규모 쇼핑시설과 대형백화점들이 밀집된 초대형 상권이 형성되어 있다는 점일 것이다. 이러한 상황들을 종합적으로 조사하고 분석해서, 상업시설의 개발전략은 지역 내의 새로운 유통문화를 선도할 수 있는 광역 시장을 타깃으로 하는 리딩쇼핑몰 컨셉의 대규모 고객창출형 엔터테인먼트 쇼핑몰로 설정했다.

또한, 오피스시설은 다양한 유형의 3개 동의 타워 형태의 오피스빌딩 개발과, 당시는 다소 생소했던 임차인 확보 후 오피스를 개발하는 선 임대(Pre-leasing) 마케팅 방식을 채택해 오피스 수요를 안정적으로 확보할 수 있도록 했다. 이러한 과정들을 거친 후에 'IFC Seoul'은 서울시와 AIG 글로벌부동산개발(AIG Global Real Estate)이 민관협력체제로 기획·개발하게 되었으며, 당시 국내 최대 규모의 프로젝트 파이낸싱을 통해 안정적으로 자금을 조달하며 공사를 진행할 수 있었고, 2008년 착공한 후 2012년에 그랜드 오픈하게 되었다.

AIG 프로젝트는 외자유치 프로젝트로는 최초이자 국내 최대 규모의 총 사업비 약 1조 5,140억 원이 투입된 도심복합개발 프로젝트였고, 토지는 AIG가 99년간 장기로 임대하는 계약으로 2005년에 체결되었다. 그동안은 AIG 글로벌부동산개발이 운영하는 펀드가 소유하고 있었으나, 2016년 11월 글로벌 대체투자 운용사인 브룩필드자산운용(Brookfield Asset Management)에 2조 5,000억 원에 매각되었다.

향후, 토지임대 기간인 99년 후의 프로젝트 계약이 끝나면 토지와 건물은 서울시에 기부채납하게 된다. 하지만, 서울시의 프로젝트 초기 희망사항이자 요구사항이던 AIG의 아시아 HQ 이전은 궁극적으로 실현되지 못하고 그 막을 내렸다.

국가적 리스크 프리미엄과 중국 X-그룹의 골프&휴양단지 프로젝트

국가적 리스크 프리미엄(National Risk Premium)

'리스크 프리미엄(Risk Premium)'이라는 용어를 간단하게 말하자면 '위험을 감수한 대가로 지불되는 보상'으로, '위험의 가격'이라는 표현으로도 말할 수 있을 것이다.

확정된 수익률이 보장되는 저축형 등의 상품과 달리 부동산 투자의 경우 리스크 프리미엄은 투자자가 위험 부담을 감수하는 데 따른 수익으로, '하이 리스크, 하이 리턴(High Risk, High Return)'이란 의미는 리스크가 큰 투자를 하면 높은 수익률이 보장된다는 의미가 아니라, 기대 수익률(Expected Return)이 높아야만 리스크를 감당하고 투자를 하게 된다는 의미이다. 즉, 어떤 투자 대상의 불확실성이 크다고 판단될수록 투자 시점의 재무적 판단 시의 미래현금흐름의 투자 기대 수익률은 리스크가 전혀 없는 상태의 무위험 수익률(Risk-free Rate of Return)에 리스크 프리미엄이 점점 더 높게 산정될 수밖에 없는 당연한 속성을 지니게 된다(기대 수익률 = 무위험 수익률 + 리스크 프리미엄).

중국 X-그룹의 제주 골프&휴양단지 프로젝트

한국의 부동산 시장이 개방된 이후 다양한 국가의 다국적 글로벌 투자기업이 한국에 진출하게 되고 다양한 유형의 부동산 투자가 진행되었지만, 여가 및 관광지 개발 프로젝트에 관심을 가진 투자기업이 본격적으로 진출하게 되는 시점은 좀 더 시간이 지난 2000년대 중반 이후였다.

그중에서도 제주도는 2002년 관광 활성화를 위해 외국인의 제주방문 시 비자 없이 30일간 체류할 수 있도록 하는 무비자 입국제도가 도입되었다. 또한 '제주도 및 국제자유도시 조성을 위한 특별법'에 따라 JDC(제주국제자유도시개발센터)가 2002년 5월 설립되어 관광, 교육, 의료, 첨단과학 등 다양한 분야의 프로젝트를 진행하게 되면서, 이를 계기로 관광분야에서도 다국적 투자자들이 관심을 가지고 관광 및 리조트개발, 휴양형 주거단지, 테마파크 등의 개발사업에 투자를 모색하게 된다.

제주도 투자 유치 환경의 가장 큰 장점 중 하나는 동북아 주요 국제도시들로부터 2시간 이내의 비행거리에 있다는 지리적 장점과 국내외 관광객들의 안정된 관광소비 시장이라는 점, 이미 잘 구비된 인프라 환경과 해외 투자사업 진출 시 가장 큰 고려사항이 되는 공기업 차원의 JDC라는 안정적인 국내 파트너 조직이 있다는 점일 것이다.

중국의 X-그룹은 광저우에 기반을 둔 제조업 중심의 모기업이 2000년대 중반부터 중국 전역을 몰아친 팡디찬(房地, 부동산) 열풍을 타고 주거단지 및 리테일 개발사업으로도 성공한 기업이다. 필자가 한 기업체의 해외사업개발팀을 총괄하며 중국 전역 대상의 사업개발 업무수행을 진행할 당시 해외사업의 전략적 파트너 중 하나의 기업이기도 했다.

당시 해외사업 업무를 위한 전략개발 및 액션플랜(Action Plan)의 수립과 실행, 개발 딜 스트럭처링(Deal Structuring), 파트너십전략, 출점 프로젝트의 설계 및 시공 과정과 오프닝을 비롯해 이 그룹과 많은 일들을 함께했다.

또한 중국 부동산 시장의 키플레이어(Key Player)인 홍콩계 및 싱가포르계 개발상, 로컬 개발상, 주요 대형 리테일러, 컨설팅 펌, 시 정부 대상의 카운터 파트너를 대상으로 하는 프로젝트 진행은 물론, 중국 전역의 30여 개에 달하는 신규계약 및 MOU 체결을 함께하기도 했던, 부동산 사업개발 부문에서는 이미 호흡을 맞춘 기업이었다.

XX&JJ 프로젝트

X-그룹의 회장은 상당한 수준의 지한파(知韓派)이기도 했으며, 특히 제주도에 강한 애착을 가지고 있는, 말 그대로 열정적인 제주도 투자 마니아이기도 했다. 특히 골프장을 포함한 휴양단지 개념의 부동산 개발사업 투자를 강력히 희망했고, 이와 관련한 전반적인 업무를 필자에게 일임하며 무한 신뢰와 지원 속에서 프로젝트는 시작되었다.

프로젝트는 그룹명과 제주의 영문 이니셜을 따서 'XX&JJ 프로젝트'로 명명했다. 우선적으로 착수한 사항은 골프장과 휴양단지 개발 대상 후보지의 물색이었으며, 사업 초기단계에서 가장 주안점을 둔 사항은 이 그룹의 본 프로젝트가 해외 투자로 진행되는 한국 진출 아웃바운드(Out-Bound)의 첫 사업이라는 점, 사업 주체가 부동산 개발사업은 이미 다양하게 경험했지만, 골프장 및 휴양단지 개발과 운영사업 유형은 처음인 점을 감안해서 프로젝트 단계마다 발생 가능한 사업 리스크를 어떻게든 최소화할 수 있도록 일을 추진하는 것이었다.

당시 제주도는 골프장이 우후죽순으로 늘어나고 있었으며 건설 중인 골프장도 다수 있는 상황이었다. 사업주체의 프로젝트 초기 주문 상황은 18홀 내지 27홀의 골프장과 타운하우스 최소 70실 이상을 지을 수 있는 규모의 부지를 매입하는 것이었다. 하지만 개략적인 시장조사와 사업구상에 따른 프로젝트 사업성을 검토한 후에 나대지 또는 유휴부지의 매입을 통한 신규 단지개발보다는 기존 운영 중인 골프장, 골프장 조성공사 중 또는 공사완공 후 다양한 이유로 사업이 중단되어 있거나 매각을 희망하는 사업지의 자산인수 추진으로 사업방향 수정을 건의하고, 의사결정 과정을 거쳐 구체적인 M&A 세부작업에 착수하게 되었다.

부지 물색과 토지 구입을 통한 신규 개발사업보다 M&A 방식을 택하게 된 배경은 다음과 같았다. 개발 가능한 나대지 또는 유휴부지 상태의 30~40만 평 정도의 사업부지가 필요하다는 점을 감안할 때 그 정도 규모의 단일 토지주를 찾기가 힘들 뿐만 아니라, 수십 개의 필지와 다수의 토지주로 구성된 경우 토지 작업부터가 원활하지 못하고, 계획·설계 과정과 사업의 인허가 과정을 포함한 초기단계에서의 예측 불가능한 장기간의 소요시간, 이에 따른 예상 외의 추가 사업비용 측면의 리스크를 제거하고자 하는 이유가 가장 크게 작용했다.

새롭게 수정된 사업전략에 따라 사업 대상 후보지의 롱&숏 리스팅(Long&Short Listing)과 필터링 과정을 거쳐 조건에 적합한 대상 후보지를 선정하게 되었으며, 이 중에서 한 개의 후보 대상지는 공사가 90% 진행된 18홀의 골프장으로 더없이 만족스러웠으나 계획된 휴양단지를 조성하기에는 부지 규모가 협소해서 주변의 추가 구입 가능한 방안까지 검토를 완료해서 적절하다고 판단되는 3개의 M&A 대상 후보 대안을 준비했다.

그동안 프로젝트 진행 초기단계에서 이미 수립한 마케팅전략에 따라 골프장 및 타운하우스의 멤버십과 오너십의 마케팅 실행대안도 만족스럽게 진행이 되었으며, 사업주체의 의도에 따라 최소단위의 골프장 회원구성과 타운하우스 분양 및 운영계획도 순조롭게 진행되었다.

일반적인 한국의 골프장 및 골프텔 또는 타운하우스 개념과 달랐던 점은 멤버십 타깃 대상 대부분이 중국의 극소수 고소득층을 상대로 형성된 시장인 하이엔드마켓(High-end Market) 대상이었다는 점이었으며, 이 과정에서 새삼 알게 된 사실 하나는 불안정한 중국 본국의 정치상황 등을 고려한 유사시 해외의 도피처 개념의 세컨드 홈 구매의사가 상상 이상으로 높았다는 점이었다.

이렇게 3개의 후보 대상지에 대한 기본적인 가치평가 작업 과정까지 마무리하고 몇 차례의 롤업미팅(Roll-up Meeting)을 거쳐 M&A 협상 대상 순서와 일정계획까지 마무리된 시점은 착수한 날로부터 29개월이 경과한 2017년 2월이었다.

예상 불가능했던 프로젝트의 최대 리스크 발생

당시 제주도는 2002년 관광활성화를 위해 도입한 무사증(무비자) 제도가 본격적으로 시행되면서 제주를 찾는 중국인 방문객이 2002년 9만 2,000여 명을 시작으로 2011년 57만여 명, 2012년에는 처음으로 100만 명을 돌파했으며, 2016년에는 300만 명을 돌파하는 정점을 찍게 되었다. 이로써 제주도의 관광지와 호텔, 콘도는 물론 주택가에서도 중국인을 쉽게 볼 수 있을 정도로 장기 체류하는 중국인도 적지 않은 상황이었다. 하지만, 2017년 중국인 방문객의 수는 74만 7,315명으로 줄어들게 된다. 바로 한국의 사드(THAAD, 고고도 미사일 방어체계) 배치 논란에 따른 중국 당국의 '한국으로의 단체여행 금지 보복조치' 등의 여파 때문이었다.

'XX&JJ 프로젝트' 역시 2017년 3월 이후 진행 예정이던 프로젝트의 가속도를 낮추고, 몇 개월간 추이를 지켜보다가 그다음 해 4월 잠정적 유보라는 결론으로 기약도 없이 프로젝트를 중단하기에 이른다.

정치적, 경제적, 외교적으로 한중 간에 치명적인 영향을 미치게 되었던 사드 사태가 발생하고 난 후, 제주도 역시 거리에 넘쳐나던 중국인 관광객이 자취를 감추었고, 한동안 제주시 중심가에서 쉽게 눈에 띄던 중국어 간판들은 빛을 잃고, 건물과 땅, 집 등 중국인이 차지하던 중국인 소유 건축물 수 역시 급감하게 되었다. 바로 이 사드 사태의 영향으로 제주도는 중국계 자본유입으로 제주의 산업·경제분야 및 관광분야에서 확산되던 지역경제의 활성화라는 긍정적 여파도 사라지게 되며, 또한 당시 많은 사람들이 우려하던 '제주도의 중국화'라는 단어와 급격한 증가 추세에 따른 불법체류 문제, 강력범죄 문제 등 그 부작용들도 서서히 자취를 감추게 되었다. 중국인 관광방문객 수는 최고 수준이었던 2016년 대비 2021년 5월 기준 30분의 1 수준으로 급감한 상태이다.

다국적 투자기업들이 속속 진출하게 되던 한국 부동산 시장 개방 이후 초창기 시절, 투자 대상 프로젝트를 검토하고, 투자의사결정 과정에서 간간이 마주치기도 했던 용어 중의 하나가 한국의 전반적 경제 지표 및 국가 신용도 등급을 고려한 프로젝트 리스크 프리미엄(Project Risk Premium)이었다.

하지만, 여기에서 한발 더 나아가 분단국가라는 한국의 특수성에서 기인한 한국의 국가적 리스크 프리미엄(Korea's National Risk Premium)이라는 바로 그 용어를 XX&JJ 프로젝트와 사드 사태를 겪게 되면서 새삼 인식할 수 있었던, 몹시도 생소했지만 정말 뼈저리게 느낄 수밖에 없었던 아픈 경험의 순간들이었다.

04

득어망전, 버자야그룹의
제주 BJR 프로젝트

2008년 8월 20일, 관광산업 분야에서는 국내 최대 규모인 18억 달러 상당의 외자유치를 달성했다는 뉴스와 함께 2,400만 달러의 외국인 직접투자금액 유입에 따른 최초 합작법인 설립이 성공적으로 진행되었다는 소식이 매스컴을 통해 대대적으로 알려진다.

부동산 시장 개방 이래, 정부 및 국내 지자체들은 FDI(Foreign Direct Investment), 즉, 외국인 직접투자 유치가 외자유치의 효과와 함께 지역 고용창출과 경제 활성화의 주요 원천이 된다는 것을 인식하고 치열한 FDI 유치 노력을 전개해왔다.

당시 필자는 외국계 컨설팅사에서 근무하며 FDI 유치를 위해 서울시와 경기도를 비롯해서 강원도, 인천시, 수원시, 춘천시, 시흥시 등의 지자체와 유수의 대기업과 함께 프로젝트들을 준비하고, 마케팅 활동을 진행, 지원하면서 다양한 유형의 투자 유치 결실들을 거두었다. 그러나

유독 관광 분야의 투자 유치는 힘들기도 하고 역경도 많아서 안타까웠던 상황이었다.

관광산업 분야의 경우, 투자 회수기간과 투자 출구전략 측면에서 상대적으로 짧고 유연한 오피스, 주거 및 도심복합개발사업, NPL 등 타 분야에 비해, 인허가단계부터 건설단계, 그리고 운영단계의 전 과정을 거쳐야 비로소 완성되는 개발사업 유형의 프로젝트인 경우가 대부분이다. 또한, 토지 비용 등 초기 연도부터 대규모의 자본이 필요하고, 장기간의 투자기간에 사업운영단계에서의 또 다른 불확실성과 어려움이 존재하기 때문에 투자자 입장에서는 상당한 투자 리스크가 존재할 수밖에 없는 경우가 대부분이었다.

버자야그룹의 휴양형 주거단지, 제주 BJR 프로젝트

이 프로젝트는 말레이시아 화상기업인 버자야(Berjaya)그룹이 서귀포시 예래동 소재 74만 1,192㎡ 부지의 휴양형 주거단지 개발사업에 향후 8년간, 약 18억 달러 이상을 투자해서 세계적 브랜드의 호텔과 최고급 콘도미니엄, 의료시설, 쇼핑시설, 카지노, 문화시설 등을 조성해서 세계적 수준의 휴양단지를 개발하며, 버자야그룹의 글로벌 마케팅망을 활용해서 국내는 물론 아시아 및 중동 등지를 대상으로 연계 관광상품을 개발하고 해외 관광객 유치를 추진한다는 계획이었다.

제주 BJR 프로젝트 조감도

　이 프로젝트의 합작계약에 따르면 버자야그룹이 81%, 국토해양부 산하기관인 JDC가 19% 지분을 출자해서 JVC(Joint Venture Company)의 개발주체가 되고, 설립 자본금 300억 원 규모의 합작법인을 설립하도록 되어 있었다. 외국인투자기업 버자야제주리조트(BJR)는 토지대금 전액 완불, 제주투자진흥지구 변경 승인, 제주도 제1호 외국인 투자 지역 지정, 관광단지지정 승인 등 관련 인허가를 마치고, 2013년 공사에 착공해 도로, 상하수도, 전기시설 설치 등 부지조성공사와 프로젝트의 주요시설들도 순조롭게 진행하게 되었다.

　하지만, 2015년 7월 1단계 사업의 공정률이 65% 이상 진행된 상황에서 사업의 전면중단이라는 상황에 직면하게 된다. 그 이유는 2007년 12월 예래 휴양형 주거단지 사업부지의 원 토지주 22명이 '유원지' 목적 위배를 근거로 JDC를 상대로 한 '토지수용 재결처분 취소 청구소송'을 제기했는데, 2011년 1월 재판부가 원고측의 주장을 받아들여 토지수용 무효 판결을 선고했고, 2015년 3월 20일 대법원이 원심 판결을 확정하게 되면서부터이다.

사업이 중단되면서 BJR은 2015년 11월 6일 JDC를 상대로 예래 휴양형 주거단지 개발사업을 위해 체결한 토지매매계약의 사업부지 소유권 이전의 결격사유 발생과 계약 위반을 이유로 손해배상 청구소송을 제기하게 된다. 이후 5년간 긴 소송 과정과 분쟁이 이어졌고, 최종적으로 2020년 6월 30일 담당 재판부의 '강제조정결정안'을 수용하고 합의하게 되며 JDC는 외자 파트너인 버자야그룹에 1,250억 원의 손해배상을 지급하게 되었다. 버자야그룹의 제주 BJR 프로젝트는 JDC에게 사업을 전부 양도하게 되었고, 이로써 제주 외자유치 1호 사업은 그 막을 내리게 된다.

버자야그룹의 제주 BJR 프로젝트 현황

궁여지책, 그리고 득어망전

외환위기 극복이 한국 경제 회생의 최대 과제였던 절박하고 암울했던 시절에 개방된 한국 부동산 시장도 어느덧 20년이 넘는 시간을 지나왔다. 그동안 많은 난관을 극복하기도 하고, 여러 유형의 다국적 투자기업과 함께 명과 암의 다양한 경험들을 하면서, 한국 부동산 시장도 바야흐로 지금의 글로벌시대를 맞이했다.

외환위기 극복의 타계대책, 지역경제의 고육지계, 고용창출의 활성화 등 많은 험난한 과제들을 헤쳐오는 동안, 정부와 지자체, 기업 할 것 없이 다양한 성장통을 겪기도 했다. 이러한 과정에서 때로는 외국투자기업 유치와 FDI 유치가 이들 모두의 상징어이자 최대 과제이던 시절도 있었고, 때로는 국부유출, 먹튀 등 국민정서상의 논란이 되기도 했으며, 개발이익의 환수, 외국자본에 대한 무조건적 반감, 난(亂) 개발의 피해 등, 새롭게 풀어나가야 할 여전히 어려운 숙제와 과제들이 존재한다.

그동안 현장에서 필자는 때로는 셀 사이드(Sell-side), 또 때로는 바이 사이드(Buy-side)의 양측 입장에서 여러 프로젝트의 이슈들과 고민들을 다양하게 경험해오는 동안, 때로는 '매우 궁해 어려움 속에서 낸 마지막 계책'이란 뜻의 궁여지책, 또 때로는 '고기를 잡고 나면 통발은 잊는다'라는 득어망전(得魚忘筌), 이 상반된 의미의 고사성어 사이를 이리저리 헤집고 다니던 기억들이 주마등처럼 스쳐 지나간다.

많은 일들과 과정을 거쳐온 지금도 여전히 이와 유사한 문제들 또는 전혀 생각지도 못했던 변수들은 발생한다. 그동안 우여곡절의 과정을 지나왔고, 지금도 현재 진행형인 춘천 중도의 '레고랜드 코리아 리조트', 녹지(綠地)그룹의 '제주 헬스케어타운' 등을 포함한 다수의 프로젝트들이 존재하고 있다.

셀 사이드와 바이 사이드, 양쪽 모두에게는 중요시하는 관점과 추구하는 목적, 다른 셈법이 있기 마련이다. 그러기에 어쩌면 양쪽 모두를 만족하게 하는 단 하나의 정답은 없을 수 있다. 하지만 그 오답만은 분명히 존재하는 법이다.

한국경제는 세계가 놀라는 빠른 속도로 극복과 회생을 했으며, 이를 계기로 한층 더 높아진 국가적 지표들로 이제는 세계 경제 시장의 높은 반열에 올라서 있다. 그동안 경험했던 한국 부동산 시장 글로벌화의 명과 암의 과정을 지나고 또 뛰어넘어, 이제는 보다 더 세련되고 성숙된 시각과 실천으로 상호간 신의성실(信義成實) 원칙에 입각해서 양쪽 모두가 진정한 승자가 될 수 있기를 기대해본다.

미래 공간개발,
핵심사업의
재정의가 필요하다

마스터 디벨로퍼의 역할과 힘
- 제주의 밤은 푸르고, 중문의 밤은 적막하다

한국의 최남단에 위치한 환상의 섬, 제주

제주도는 우리나라에서 봄 소식이 제일 먼저 찾아오는 곳이고, 천혜의 자연경관과 따뜻한 기후로 남국의 이국적 정취를 자랑하는 곳이며, '은하수를 끌어당길 수 있을 만큼 높다'라는 의미를 지니고 있는 해발고도 1,950m의 한라산이 우뚝 솟아 있는 섬이다. 9개의 유인도와 60여 개의 부속도서로 이루어져 있고, 한반도의 최남단 북태평양상에 위치한다. 아열대에서 한대에 이르는 1,800여 종의 풍부한 식생과 산림을 보유하고 있으며, 생물권 보전지역, 세계지질공원 인증을 비롯해 세계유산위원회의 세계자연유산(World Natural Heritage)에 등재되어 유네스코 3관왕을 이미 달성한 한국인이 자랑하는 아름답고 풍요로운 환상의 섬이다.

제주 관광지의 대표 브랜드,
서귀포 중문관광단지

서귀포 중문관광단지는 1978년에 국제관광단지로 지정되어 개발되기 시작했다. 이곳은 높이 50~60m의 해안절벽과 고운 모래를 자랑하는 중문색달해수욕장, 하늘의 선녀가 목욕한다는 천제연 폭포, 신들의 궁전 갯깍 주상절리대와 선사유적 동굴, 비파를 타며 선녀가 거닌다는 선임교, 만남과 기원의 장소 오복천 등 중문을 상징하는 대표적 경관들이 있는 곳이다.

수려한 자연 경관을 가진 땅이 관광단지로 개발되면서 이국적인 풍경의 야자수와 쭉쭉 뻗은 도로 사이로 최고 수준의 특급 호텔과 리조트인 신라호텔, 롯데호텔, 더 쇼어호텔, 그랜드조선호텔, 부영호텔&리조트, 씨에스호텔 등 다양한 호텔이 위치해 있어 사계절 내내 많은 국내외 관광객의 발길이 끊이지 않는다.

또한, 국제컨벤션센터, 국제평화센터, 중문골프장, 여미지식물원, 퍼시픽리솜, 테디베어박물관과 아프리카박물관을 비롯한 다양한 주제의 박물관들과 함께 각종 관광시설과 휴양·위락시설들이 마련되어 있는, 제주도에서도 대표적 관광브랜드이자 세계 수준의 종합관광 휴양지를 꿈꾸며 지금도 계속 개발이 진행되고 있는 곳이 바로 중문관광단지이다.

중문관광단지 개발의 발자취

제주 중문관광단지는 1973년 제주도 관광종합개발계획에 따라 국제 수준급의 관광단지 조성과 제주도 내의 관광거점지로서 천연자원과 전통적 민속자원을 조화롭게 개발하고, 관광객의 장기체재가 가능하도록 휴양과 레크레이션 시설 확충을 목표로 단계별 개발계획을 수립했다. 이에 따라 1단계는 중부지역을 중심으로 관광레저활동 및 숙박기능 등 단지 전체의 중심적 기능 위주로 개발하고, 2단계는 동부지역으로 중부지역의 보완적 기능을 담당해 국제적인 종합휴양관광단지로 발전시키는 개발사업을 진행했다.

제주 중문관광단지 사업개요	
위치	제주도 서귀포시 색달동, 중문동 일원
사업규모 및 기간	총 3,150㎢(약 95만 평) − 1단계(중부지역) : 2,020㎢(61만 평), 1978~1991년 − 2단계(동부지역) : 1,130㎢(34만 평), 1992~
투자 계획	총 8,977억 원 − 1단계 : 2,543억 원(공공 : 302억 원, 민간 : 2,241억 원) − 2단계 : 6,434억 원(공공 : 859억 원, 민간 : 5,575억 원)
추진경위	− 1973. 02 : 제주도 관광종합개발계획 수립(청와대개발기획단) − 1978. 07 : 1단계(중부지역) 토지매입 및 개발사업 착수 − 1985. 03 : 제주도 특정지역종합개발계획 수립 − 1996. 08 : 2단계(동부지역) 토지매입 및 개발사업 착수 − 2001. 12 : 1단계(중부지역) 민자시설 부지분양 완료 − 2004. 12 : 2단계(동부지역) 기반시설 공사완공 − 2004. 12 : 2단계(동부지역) 민자시설 부지분양 완료
분양금액	2,845억 원

중문지역이 관광단지로 조성되기 전까지 이 일대는 농사도 잘 안 되고 바람만 많아 제주도의 타 지역에 비해 상대적으로 그다지 중요하게 생각하지 않았던 지역이었으나, 1996년 첫 삽을 뜬 이래 지난 30여 년 동안의 관광단지 건설 및 조성사업 기간을 거치면서 실로 엄청난 변화를 겪게 된다.

1970년대 중문 일대의 모습   출처 : 한국학중앙연구원

2021년 현재, 중부지역에는 숙박시설로 관광호텔 8동 2,070실, 별장식 호텔 2동 70세대, 콘도미니엄 2동 416실, 한국 전통호텔 1동 85실이 있고, 상가시설로는 상가 3개소, 전망 휴게소 3동과 중문 골프장 18홀, 마리나 등의 스포츠시설이 조성되어 있다.

동부지역은 숙박시설로 관광호텔 5동 1,880실, 상가시설로는 상가 5개소와 관광식당이 있으며, 3,500명을 수용할 수 있는 컨벤션센터 등이 완공되어 현재 운영 중이고, 그 주변 지역으로도 여전히 호텔과 다양한 관광시설들이 들어서고 있다.

현재의 중문관광단지 모습

제주의 밤은 푸르고,
중문관광단지의 밤은 적막하다

중문은 제주도 전체 관광객의 70% 이상이 찾는 지역이며, 한 해 관광객 수로도 1,000만 명 이상이 방문하는 제주관광의 중심지역으로 변모를 거듭해오고 있다. 그럼에도 불구하고 이곳 중문단지는 하루 해가 기울고, 석양이 지기 시작하는 초저녁이 될 즈음이면, 으스름 달밤만이 가득한 적막하고 한적한, 예의 고즈넉한 정적만이 감도는 관광타운으로 변해버린다. 물론 한나절 다른 지역으로 관광 다녀온 차량들과 관광객들의 발걸음이 있고, 세계 수준의 호텔마다 저녁 이벤트가 열리기도 하고, 해안가로 산책 나온 사람들의 기념사진 촬영과 정겨운 대화 등으로 숙박시설 공간 내의 나이트 라이프(Night Life)가 활발해지기도 하나 단지 그것뿐이다.

저녁 시간대에 중문을 찾는 새로운 발걸음은 보기조차 힘들며, 중문단지 내의 식당들도 몇몇 일행이 있는 곳을 제외하면 한산하기만 할뿐, 말 그대로 적막하고 을씨년스러운 관광타운의 모습으로 변해버린다. 90만 평이 넘는 대단위 중문단지임을 감안하더라도, 호텔과 리조트를 조금 벗어난 깨끗한 길거리의 야자수 가로수길 그 어느 곳에서도 관광객들의 목소리와 관광 행태들로 시끄럽거나 복잡하고 활기찬 공간과 장소는 찾기 힘든, 적막한 관광타운의 모습이 되어버리는 기이한 현상이 연출된다.

이러한 현상은 봄과 가을, 겨울의 밤 시간대도 마찬가지이며, 최고의 성수기인 여름철에도 별 다를 것이 없는 중문의 대표적 밤 풍경이 되어버렸으며, 어쩌면 밤 시간뿐만 아니라, 일부 인기 있는 관광객 관람시설들을 제외하면 한낮의 중문단지 거리 풍경도 거의 마찬가지의 상황이다.

관광행태&공간프로그램(Active&Space Program)은 없고, 시설프로그램(Space Program)만 존재하는 단지

중문관광단지는 한국관광공사(KTO)가 공공의 사업시행자(Master Developer)역할로 정부기관으로부터 일부 기반시설을 지원받아 단지 전

체의 부지 조성 위주로 사업을 시행하게 되었다. 또한, 수립된 단지기본
계획에 근거해 개별토지를 분양받은 개별사업 주체(Block Developer)인 민
간사업자는 그 필지에 부여된 기본 기능에 적합한 필지를 개발하게 되는
전형적인 토지분양(Lot Sale) 방식의 개발사업으로 진행되어왔다.

이러한 토지분양 방식의 경우 관광단지 전체의 기본계획(Master plan)
은 단순한 토지이용 및 개발구상 단계상의 조닝플랜(Zoning Plan)에 그
치기가 쉽고, 정교한 마스터플랜 수립과 더불어 개별사업주체의 사업
계획을 대상으로 치밀한 가이드라인이 존재하지 않는다면, 단지 전체
의 개발방향 및 전략과 컨셉을 일관되게 조절하고 통제하기에는 무리
가 따를 수밖에 없는 사업방식인 것이다.

90만 평 이상의 대규모 단지조성이라는 점을 감안하면 이해가 가는
사업 방식이기도 하고, 개별사업자들의 전문성에 따른 다양하고 개성
있는 공간 조성의 장점도 있을 수 있다. 하지만, 단지 전체 측면에서는
조화로운 관광행태&공간&시설 프로그램(Active&Space&Facility Program)
의 공간조성 및 연출의 기본적인 3박자 프로그램은 존재하지 않는, 규
모만 큰 단지가 되어버려 이렇듯 적막하고 심심한 단지로 전락할 수밖
에 없다.

즉, 단지 전체의 물리적 공간개발뿐만 아니라, 이용객들의 여가 행동
양식과 패턴에 근거하고, 그 단지만의 독창적이고도 창조적인 관광행
태 프로그램과 그에 적합한 공간 프로그램들을 조화롭게 잘 갖추어서
이용객들의 다양한 활동과 독특한 체험을 유도하고, 또 경험하게 할 수
있는 프로그램 연출이 없었기에 이 같은 안타까운 결과물이 되어버린

것이다. 그런 면에서 중문관광단지는 불행하게도 단지 전체 측면에서 볼 때는 전체를 아우르는 관광행태 프로그램과 공간 프로그램은 없고, 개별 분양된 부지의 민간사업주체들의 시설 프로그램만 존재하는 단지가 되어버린 것이다.

관광단지개발에서 마스터 디벨로퍼의 역할

중문관광단지처럼 규모가 큰 대형단지에서의 마스터 디벨로퍼(Master Developer)의 가장 큰 역할은 잘 만들어진 기본계획(Master Plan)을 일관되게 유지하고, 단지의 성격과 특성, 개발 주제와 컨셉을 조화롭게 끝까지 통제하고 조정하는 역할일 것이다. 이는 비록 토지분양 방식을 따를지라도 마찬가지이다.

대규모 관광단지일수록 단지 전체를 아우를 수 있으며, 단지의 고유한 가치와 문화를 창조할 수 있는 단지 전체의 스토리라인을 갖추고, 이에 부응해서 개별 부지의 블록 개발자(Block Developer)의 사업특성에 부합되고 명확한 지침이 될 수 있는 가이드라인을 제시해 실행할 수 있도록 해야 한다.

개별 부지의 개성 있는 공간들과 단지 전체가 조화를 유지할 수 있을 때 그곳만의 스토리라인이 살아 숨쉬는 조화로운 공간개발과 특화된 단지가 비로소 완성될 수 있을 것이다.

대규모 단지조성에 의한 관광개발사업의 경우, 일반 도시재개발사업이나 택지개발사업과는 다른 관점이 필요하며, 단순한 관광단지 위주의 물리적 개발이 아닌 지역개발 및 지역주민과의 융합된 개발이 필수적이다. 지역주민 참여시설로서 지역 풍물장터와 쇼핑몰 또는 지역 재래시장의 유치 등 적극적인 도입과 유치를 통해 인위적 관광시설 조성에서는 느낄 수 없는 그 지역의 특성이 보전되고, 그 지역의 문화가 조화롭게 스며드는 진정한 지역개발 차원으로서의 관광단지가 되어야 하는 것이다. 이는 마스터 디벨로퍼만이 할 수 있는 역할이며, 이렇게 함으로써 지역민과의 자연발생적 공존공생(共存共生) 관계를 통해 관광단지의 생동감을 부여하고, 지역주민의 고용효과 증대 차원을 넘어서는 지역경제 및 지역문화의 활성화에 직접적으로 기여함과 동시에 지역특성도 동시에 살아 숨쉬는 관광단지가 비로소 될 수 있을 것이다.

기존의 중문관광단지 2단계(동부지역) 개발기본계획에서 볼 수 있었던 특산품 상가, 전문 및 일반 상가, 중앙광장과 쇼핑몰 등의 토지이용계획상 지역민과 동반할 수 있었던 공간과 시설 조성이 비록 토지분양 과정에서는 어려움이 있었겠지만, 마스터 디벨로퍼의 역할과 힘이 최소 유지만이라도 될 수 있었다면, 비록 부족하기는 했겠지만 지금의 중문단지의 모습과는 다른 경관과 공간이 되지 않았을까 하는 아쉬움이 남는다.

현재 우리나라의 지정 관광단지 중에서 관광공사가 주체가 되어 진행했거나, 진행 중인 관광단지로는 제주 중문관광단지를 비롯해서 경주 보문관광단지, 감포 관광단지, 해남 오시아노관광단지가 있다. 이 중에서 이미 우리나라 최초의 관광단지이며 조성이 완료된 보문관광단지의 경우도 중문관광단지의 문제점과 별다름이 없는 상황이나, 감포 관광단지와 해남 오시아노관광단지는 현재도 개발이 진행 중이다.

감포와 해남의 경우 이미 단지기반시설 조성을 상당 부분 완공한 상황이나 민간사업자 선정의 실패와 이로 인한 단지의 미분양 등 다양한 문제 등으로 오랜 기간 동안 사업이 지연된 상황이다.

부디 이들의 경우에서는 보다 효율적인 지역민, 지역 특성을 동반할 수 있는 방향과 방식으로 개발되어 바람직한 마스터 디벨로퍼로서의 역할과 힘이 발휘되고, 보다 이상에 가까운 관광단지의 모습이 탄생할 수 있기를 기대해본다.

02

브랜드가 있는 공간 창출,
오감을 브랜딩하자!

브랜드의 정의와 브랜딩의 법칙

요즘을 '브랜딩(Branding)의 시대'라고 한다. 관광 소비자에게 브랜드는 그 여행지만의 장소성(場所性)이나 그 지역의 명소 또는 체험한 여행 행태 및 서비스의 특징을 알려주는 의미와 가치의 기준이 될 수 있을 것이다.

브랜드(Brand)라는 용어는 고대에 소를 구별하고 잃어버리지 않기 위해 불에 달군 인두로 찍었던 행위, 즉 낙인(烙印)에서 시작한 말로 경계 없는 드넓은 들판에서 방목하고 있는 소를 다른 소의 무리로부터 구분하는 수단으로 사용되었다. 오늘날의 브랜드라는 용어는 어떤 이름이나 상징의 의미로 사용되고 있으며, '시장을 통해 제공하려고 하는 제품이나 서비스를 특징짓고 경쟁 상황에서 차별화하기 위해 만든 네임, 로고, 상표, 패키지'라고 정의하고, 요즈음의 치열한 시장경쟁 상황에서 소비자들에게 제품이나 서비스가 갖는 특징을 알려주는 하나의 고유 명사라고도 할 수 있을 정도로 중요한 마케팅 수단으로 사용되고 있다.

브랜딩은 어떤 특정 브랜드의 가치와 이미지를 부여하는 것으로 소비자들에게 특정 브랜드에 대한 신뢰감, 충성도, 편안함 등의 긍정적인 감정을 느끼게 하며, 소비자와의 관계 구축을 긍정적으로 형성시키고 발전시켜나가는 과정으로 이해할 수 있다.

브랜딩의 법칙 역시 이러한 맥락에서 소비자에게 브랜드의 이미지와 정체성을 형성하고 기억하는 과정을 통해 그 브랜드의 소비자 인지도를 최대한 강하게 부여하고, 이를 통해 소비자가 제품을 경험하고 제품의 성능과 품질, 서비스 등에 만족함으로써 브랜드 충성도(Brand Loyalty)를 정립하는 단계를 거치고, 최종적으로 소비자와의 관계 형성에서 시작해 브랜드와 소비자가 가치를 공유하고 소비자의 의사결정에 긍정적인 영향을 주어 브랜드를 이용하고 싶게 만들거나 재선택하도록 하는 과정이라고 할 수 있다.

장소 브랜딩과 도시 브랜딩

장소 브랜딩(Place Branding)이란 말 그대로 장소에 브랜딩의 개념을 적용한 것으로 어떤 장소가 가지고 있는 여러 가치 중 잠재력이 가장 큰 가치를 핵심 가치로 설정해 그것을 다양한 요소로 구체화하고 상징화함으로써 장소의 의미를 부각시키고, 이미지를 향상시킴은 물론, 장소의 가치를 높이는 활동이다.

장소 브랜딩 활동은 일정 지역과 도시 또는 국가 등을 하나의 상품으로 인식해 가치를 상승시키고 나아가 그 지역의 경제를 활성화시키는 전략적 프로그램 등으로도 활용된다. 또한 장소 브랜딩을 통해 호의적이고 긍정적인 이미지가 형성되면 방문자 수 증대를 비롯해 해당 지역에 대한 구전 마케팅 효과로도 이어질 수 있다는 장점이 있다.

도시 브랜딩(City Branding)이란 개념 역시 어떤 도시에 고유의 정체성을 심어주기 위해 도시가 지닌 철학과 문화 등 보이지 않는 가치를 시각적, 비시각적으로 녹여내어 사람들이 그 도시에 매력을 느끼도록 하는 것을 말하며, 통상적으로 도시의 상징(Symbol)이나 슬로건(Slogan) 등을 만들고 때로는 친근감을 제고하기 위해 캐릭터를 사용하기도 한다.

여행지의 추억,
그 지역만의 브랜드가 있는 장소와 공간의 기대

부산 광안리 하면 해변의 카페거리, 여수 밤바다 하면 낭만포차거리, 강릉 하면 안목해변의 강릉 커피거리라는 이미지는 여행지를 대표하는 브랜드로 그 지역을 떠올리거나 기억하게 되는 하나의 핵심 이미지로 자리를 잡고 있다.

아시아권에서도 싱가포르의 센토사섬, 태국의 파타야해변과 워킹스트리트, 베트남 사이공의 부이비엔 여행자거리, 그리고 필리핀 보라카이의 화이트비치와 디몰 등 대표적으로 기억나는 장소와 이미지가 강한, 상징성 있는 장소와 공간들이 있다. 이러한 공간들은 그 지역을 방문하는 여행객들이 반드시 찾아가보고 싶고, 거쳐가게 되는 곳, 그 지역의 대표적 경관 및 지역 이미지와 함께 인공적 요소와 자연적 요소, 그 지역의 맛과 멋이 어우러져 굳이 연출되지 않아도 독창적이고 활력 넘치는 에너지가 분출되고, 특별할 것 없어 보이지만 또 특별해서 인상 깊은 의미와 각별한 추억들로 기억되어 다시 찾아오고 싶은 동기가 된다.

예를 들어 베트남 사이공의 부이비엔 여행자거리는 베트남을 여행하는 방문객들에게 가장 인기 있는 장소인데, 먹거리와 볼거리, 놀거리 등 호치민 문화를 집중적으로 체험할 수 있는 대표적 장소이다. 부이비엔의 밤 거리는 전 세계에서 모인 여행자들로 그 자체가 하나의 진풍경이 되는 곳이기도 하다.

베트남의 부이비엔 여행자거리

필리핀의 보라카이는 비사야제도의 파나이섬에서 북서쪽으로 2km 떨어진 작은 부속 섬이다. 세계적으로 유명한 보라카이 화이트비치는 에메랄드빛 바다와 새하얀 백사장을 따라 수많은 리조트, 레스토랑, 바, 마트, 카페, 레스토랑, 각종 상점 등이 늘어선 평화로운 휴양지이다. 이 중에서 디몰은 화이트비치 중심부에 위치한 대규모 상업지구로 화이트 비치의 랜드마크로 자리 잡고 있으며, 보라카이에서 가장 번화한 곳으로 해변과 바로 맞닿아 있는 야외 스트리트 쇼핑몰은 호텔, 마트와 상점, 맛집, 펍, 클럽, 바 등이 몰려 있어 이른 아침부터 밤 늦게까지 가장 활기 넘치는 곳이다. 이곳은 여행자들이 반드시 거쳐가는 명소이다.

보라카이의 화이트비치와 디몰

제주 입도 관광객 한 해 1,500만 명 시대로

많은 사람들에게 익숙한 제주도를 노래한 곡 중 하나인 〈제주도의 푸른 밤〉의 가사 중에는 "떠나요 둘이서 모든 걸 훌훌 버리고, 제주도 푸른 밤 그 별 아래… (중략) 신혼부부 밀려와 똑같은 사진 찍기 구경하며, 정말로 그대가 재미없다 느껴진다면, 떠나요 제주도 푸르메가 살고 있는 곳"이라는 노랫말이 있다. 록그룹 들국화의 메인 작곡자이며 베이시스트로 활동한 가수 최성원의 1988년 솔로 앨범에 수록된 곡으로 그 후로도 많은 가수들에 의해 리메이크됐으며, 현재 제주도를 대표하는 곡으로 알려져 있다.

가사에도 인용되었듯이 한때는 한국의 신혼부부들이 가장 많이 찾던 최고의 신혼여행지이자 인기 관광지였던 제주도는 이제 방문 관광객 수가 한 해 1,500만 명(2019년 1,528만 6,000명) 시대에 접어들고 있으며, 불과 10년 전인 2009년 방문 관광객 수 650만여 명(2009년 652만 4,000명)과 비교한다면 두 배가 훌쩍 넘는 증가세를 보이고 있는 중이다. 이 중 외국인 관광객은 2009년 63만 2,000명에서 2019년 172만 6,000명으로 109만 4,000명(173.1%)이 늘어났고, 국적별로는 중국, 대만, 홍콩, 미국, 일본 관광객 등의 순이다.

문화체육관광부의 '2018 국민여행조사'에서도 제주가 관광숙박여행부문의 전반적 만족도에서 전국 1위를 기록했고, 관광전문소비자조사 회사인 컨슈머인사이트의 '2019 여름휴가여행 조사'에서는 제주가 전국 17개 광역자치단체 중 4년 연속 종합만족도 1위를 차지하며 한국의 대표 관광지임을 확인해주고 있다. 또한, 2019년 CNN에서는 제주가 아태지역 5대 추천여행지로 선정됐으며, 또한 글로벌시장조사 기업인 유로모니터 인터내셔널이 발표한 세계 100대 관광도시에 제주(95위)가 포함되면서 관광지로서의 국제적 이미지 역시 계속 높아지고 있는 중이다.

제주 여행의 추억, 제주의 오감을 브랜딩하자

가족 단위 여행객이나 단체 여행객, 또는 다양한 투어프로그램으로 방문하는 여행객들에게 제주에서의 2박 3일 여행일정은 더없이 빠듯하고, 3박 4일의 일정 역시 꽤 부족하고 미련이 남는다. 그만큼 제주라는 섬은 만만치 않게 넓으며, 볼거리와 놀거리 그리고 먹거리 또한 다양하고 풍부하다.

지금도 제주는 이미 브랜드화되어 있는 몇몇 장소와 인기 있는 먹거리들이 존재하지만, 제주의 대표 체류지인 중문단지를 예로 들면 과연 국내 및 해외 여행객들이 중문에서 느끼는 중문만의 장소성, 차별화된 공간 서비스의 특성과 여행의 체험을 인지하는 브랜드는 과연 무엇일까?

먼저, 중문을 찾아온 많은 이들의 기억 속에 각인된 이미지가 특급호텔들의 내부 시설과 호텔 내의 이름난 공간 정도여서는 안 될 것이다. 영화의 한 장면에서 등장했던 한 호텔 정원 내의 '쉬리의 언덕'이나 중문 해변, 해안의 산책로 정도로는 90만 평 대단지로 조성된 관광단지의 상품성으로 부족하고 적합하지도 않으며, 보다 더 상품성 있고 대표 브랜드가 될 수 있는 파괴력과 파급력 있는 그 무엇인가가 필요할 것이다.

왜 중문단지 내에는 보라카이 화이트비치의 디몰과 같은 또는 사이공의 부이비엔 여행자거리 같은 유럽권과 미국, 중국 및 아시아권을 비롯한 러시아권에서 온 전 세계 여행자들이 몰려들어 붐비고, 조우하며 즐길 수 있는 곳이 없을까? 제주의 오감(五感)을 기반으로 지역 풍물과 활기가 가득한 중문만의 독특한 명소와 공간을 가질 수는 없을까?

세계적인 도시와 관광명소, 유명 공간과 장소일수록 그 지역만의 오감, 즉 시각, 맛, 향기, 음향, 접촉의 감각을 향유하고 즐기며, 또 이를 기억하고, 추억하며 서로 공유하는, 잘 인지하지 못하는 사이 이미 브랜드화된 요소가 참으로 풍부하다.

제주도 또한 오감을 즐기고 느끼기에는 더 없이 풍부하고 훌륭한 '오감 만족의 여행지'이다. 이제부터라도 제주와 중문을 찾는 관광 소비자들의 욕구를 제주와 중문이라는 브랜드가 충족해준다면 이로 인해 재방문하는 이들이 많아질 뿐만 아니라 세계의 관광객들이 모여드는 시끌벅적하고 활기찬 제주와 중문단지의 낮과 밤거리가 연출되리라 기대해본다.

제주 오감 만족의 다양한 콘텐츠들

03

하드웨어 지향적 개발vs콘텐츠, 프로그램 지향적 개발
- 아! 화진포 연가

황금 물결 찰랑대는 정다운 바닷가

아름다운 화진포에 맺은 사랑아

꽃구름이 흘러가는 수평선 저 너머

푸른 꿈이 뭉개뭉개 가슴 적시면

조개 껍질 줏어 모아 마음을 수놓고

영원토록 변치 말자 맹세한 사람

은물결이 반짝이는 그리운 화진포

모래 위에 새겨놓은 사랑의 언약

흰 돛단배 흘러가는 수평선 저 멀리

오색 꿈이 곱게곱게 물결쳐오면

모래성을 쌓아놓고 손가락 걸며

영원토록 변치말자 맹세한 사람

〈화진포에서 맺은 사랑〉(1966년), 이씨스터즈

남한의 최북단에 위치한
호수와 바다를 품고 있는 명승지

병풍처럼 펼쳐진 금강산 줄기를 따라 그곳에서 발원한 물줄기들이 모여 하나된 호수가 있고, 해마다 5월이면 호숫가에 해당화가 만발해서 그 이름이 화진포(花津浦)로 불리게 되었다는 이곳은 한국전쟁 전에는 38선 이북 땅으로, 기암괴석 절벽에 위치한 김일성의 별장이 현재도 남아 있는 곳이다.

한국전쟁 후에는 소나무 숲 호숫가 양지 바른 곳에 이승만 초대 대통령의 별장이 위치해 현재는 역사안보전시관으로 일반인에게 공개되고 있다. 강원도 고성군에 위치한 이곳은 해수욕장과 호수로 이루어져 명승지로 유명하고, 무엇보다도 휴전선과는 불과 직선거리 10Km 남짓 떨어진 남한의 최북단에 위치하고 있으며 아름답고 청정한 자연 풍광이 더없이 좋은 곳이다.

화진포길 204-25에 위치한 해발 122m의 나지막한 산등성이에서는 멀리 금강산이 펼쳐지고, 화진포 아름다운 해변과 바다의 일부가 퇴적되어 물길이 끊어진 석호(潟湖), 화진포 호수도 한눈에 들어오며, 말 그대로 천혜의 자연환경 속에서도 세계유일의 분단국가의 지역성과 역사성이 투영된 격동의 스토리라인들을 구석구석 담고 있는 곳이기도 하다.

화진포로 가는 길은 현재는 서울양양고속도로가 생겨 나아졌다고는 하나 여전히 교통편이 열악하고, 전략적 요충지로 군사시설이 많아 일반인들의 출입이 쉽지가 않았다. 이곳에는 조그마한 통일전망대와 전쟁박물관도 위치해 있다.

화진포 해수욕장과 호수

김일성 별장의 전경과 내부 모습

화진포 관광지개발 사업타당성 및 마케팅전략 프로젝트

　화진포 주변 일대는 1990년 관광지로 지정되어 일년에 10만여 명 정도가 찾아오는 소규모 관광지이나 고성군 거진읍, 현내면, 초도리 일원의 국공유지를 중심으로 화진포 호수와 해수욕장을 포함한 약 50만 평 규모의 대상지를 내·외자 유치에 의한 경쟁력 있는 관광타운으로 개발하기로 결정하게 된다.

　이를 위해 KOTRA와 강원도가 예산을 편성하고 프로젝트를 발주해 지자체 SOC프로젝트 지원의 일환으로 진행하는 관광개발 및 투자 유치 프로젝트의 컨설팅을 2003년도에 진행하게 되었다. 프로젝트의 주요 목적은 사업대상지에 대해 개발주체가 지향하는 개발방향 및 사업계획과 본 부지가 보유하고 있는 잠재력을 종합적으로 고려해 사업의 경제성 및 타당성을 검증하고, 이를 바탕으로 최적의 개발안을 제시하며, 구체적인 상품화 방안과 마케팅전략을 수립하는 것이었고, 지자체로서는 꽤나 중요한 대형 프로젝트였다.

화진포 위치도

화진포,
관광지로서의 잠재력과 기회요인은 과연 무엇인가?

화진포는 강원도의 대표적인 관광도시인 속초에서는 북쪽으로 35km 거리에 입지하는 설악·금강권 관광개발지의 거점지역이며, 동해안 최대의 석호인 화진포 호수와 동해안 최고 수질의 해수욕장을 보유하고 있고, 자연자원이 풍부하고 보존 상태도 양호해 철새 도래지로도 유명하며, 동해안권에서도 가장 청정한 관광지로 최상의 이미지를 지니고 있는 곳이다.

당시 금강산 관광이 1998년 11월에 시작해 역사적인 막을 올렸고, 2003년에는 육로관광이 개시되었으며, 화진포는 금강산 가는 길목에 위치해 정치상황에 의해 소강 상태인 남북교류와 금강산 육로 관광 등이 제대로 지속된다면, 기존의 설악·금강권 방문 관광객을 흡수할 수 있을 뿐만 아니라 신규 수요 창출도 가능할 것으로 판단되는 곳이기도 했다. 또한 주변에 통일전망대, 설악산, 속초 등 많은 관광자원이 산재해 있어 강원도 북부의 대표적인 관광지로서의 잠재력과 가능성이 큰 곳이었다.

서울에서는 영동고속도로 및 국도를 통해서 약 4시간 30분 정도로 접근이 가능했으며, 서울양양간 고속도로가 완공되면 1시간 이상 이동시간을 줄일 수 있었고, 양양국제공항까지는 50km 이내로 30분 내의 접근이 가능하고 동해고속도로 및 주변 국도의 확장 등 접근성도 점진적으로 개선될 예정이었다.

강원도의 내·외자 투자 유치 의지가 상당히 높고, 이미 지자체 마케팅 과정에서 잠재 외국인 투자자를 확보해 투자 협의가 진행 중인 상황이었다. 또한, 이미 관광지로 지정이 되어 있고, 환경영향평가 및 교통영향평가 등의 인허가 프로세스가 대부분 완료되어 사업실행 리스크를 최소화할 수도 있으며, 이미 투자해 90% 이상 완공된 순환도로 및 교량, 주차장 등 인프라 시설 건설도 양호했고, 무엇보다도 대상지의 60%가 국공유지이기 때문에 개발로 인한 토지 확보가 비교적 용이한 편이었다.

여가·관광 시장환경과
화진포 관광지 시장환경의 특성은?

국내 관광산업은 2003년 당시 매년 지속적 성장을 기록하고 있었다. 국민의 관광여행 경험률(96.7%), 국내 레저시장 연평균 성장률(연 10.5%), 레저비용 지출 비중(연 4.23%)도 증가하는 추세였고 주 5일 근무제 및 휴가분산제가 본격적으로 진행되면 가족단위 숙박관광 등은 약 2배 이상의 증가가 예상되는 시점이었다.

또한 강원도 주요 관광지의 호텔 점유율은 3년간 지속적으로 성장 중이었고, 주요 리조트 성장률(매출액 기준 전년 대비 20.6% 상승), 리조트 객실 점유율(전년 대비 12.1% 증가) 역시 상승 추세였다.

전국적으로는 스키장 골프장 등을 보유한 7대 메이저급 복합 리조트의 평균 매출 신장률도 연 20%대의 빠른 성장 추세였으며, 콘도미니엄 운영실적도 전년 대비(11.6%) 증가 추세였고, 외국인 방문객의 지속적

증가와 특히 중국관광객도 급격히 증가하는 등 여가 및 관광시장의 전
망은 전반적으로 상당히 낙관적인 상황이었다.

변화하고 진화하는
한국의 여가행태와 여가산업

우리나라의 여가행태는 지난 30여 년간 격동의 시대와 산업 고도성
장기를 지나오는 동안 급격한 변화와 다양한 행태로 변모해 질적인 성
장과 양적인 팽창을 거듭하고 있는 중이다.

과거 봄철의 꽃놀이, 여름철의 물놀이, 가을철의 단풍구경 등 행락(行
樂) 위주의 여가행태에서 일상적 여가활동과 놀이시설 이용 등의 위락
(慰樂) 형태로 변화해왔으며, 레저와 리-크리에이션(Re-creation)이라는
용어의 등장과 함께 전국에 콘도미니엄이 건설되기 시작했다.

또한 테마파크와 워터파크 형태의 당일 및 단기 체류형 레저시설이
급성장했으며, 장기 체류형으로는 종합휴양업의 형태로 스키장, 골프
장 등의 스포츠시설과 호텔, 콘도 등의 숙박시설을 보유하는 대규모 시
설개발 형태의 전문종합리조트산업으로 발전을 거듭해왔다. 이들 시설
들은 60만 평~100만 평 이상의 단지 면적에 평균 약 2,000억 원 이상
의 대규모 단지 형태의 대단위 프로젝트로 진행되었다.

여가행태에 있어서도 가족 단위 해외투어가 보편화되고, 신규개발리
조트의 경우 인구 고령화 현상과 소자녀 가구의 증가, 자녀교육에 대한
관심 증대 등 사회적 변화에 대응할 수 있도록 가족, 건강, 문화 중심의

리조트로 컨셉이 변화해왔으며, 수도권을 중심으로 하는 도심형 리조트사업도 발전하는 추세이다.

여가 및 레저 시장 역시 골프, 스키, 수상스키에 이어 승마와 요트 등 다양화하고 있으며, 젊은층의 경우 가족 단위 캠핑 및 글램핑 인구와 관련 시장 역시 지속적으로 성장하는 등 여가행태와 여가산업은 끊임없이 변화해오고 있다.

화진포 관광지개발, 프로젝트의 제한성과 극복 과제는 무엇인가?

프로젝트의 주요 내용은 사업의 실행여건, 목표체계 및 실행력 분석 등의 사업환경 분석단계, 관광지의 시장환경과 경쟁환경을 전망하는 시장타당성 분석단계, 개발 방향 및 컨셉의 설정, 개발전략 및 기본구조 설정, 활동 및 공간 프로그래밍, 도입시설 및 공간규모 설정 등의 기본구상 및 마스터플래닝단계로 구분되어 진행하게 된다.

이러한 과정을 통해 궁극적으로는 사업의 경제적 타당성 검토단계를 거치게 되며, 프로젝트 진행 기간은 총 4.5개월 동안의 여정이었다.

프로젝트를 진행하면서 관광지개발에 있어 대상지의 제한성 등으로 인해 역점을 두고 해결해야 하고, 극복이 필요한 난제들은 다음과 같았다.

컨셉 및 개발전략 측면의 과제

- 강원도 고성의 지역성(Locality)과 독창성(Originality)은?
- 화진포만의 독자성(Identity)과 차별성(Differentiation)은?
- 화진포 관광타운의 미래지향적 고유성(Uniqueness)은?

시장 경쟁력 측면의 과제

- 1, 2, 3차 타깃시장에 대해 어떤 전략으로 무엇을 강조해 포지셔닝 할 것인가?
- 각 지역 방문객들의 대상지로의 이동 동선상에서 여타의 경쟁시설들과 비교해 최종 목적지(Destination Place)로서의 경쟁력은 있는가?
- 자랑할 만한 물리적 환경에 비해 화진포만이 가질 수 있는 보다 더 강력한 독자적 테마를 지닌 콘텐츠는 과연 무엇인가?
- 까다로운 투자 유치 시장에서 경쟁력 있는 개발컨셉은 무엇이며, 어떤 사업구조를 구현할 것인가?
- 계절성을 극복하고 사계절 관광 및 여가활동 가능한 시설구성은 과연 무엇인가?
- 남한의 최북단에 위치하며 중심 관광시장과 물리적, 거리적으로 이격된 입지적 한계를 극복하기 위한 주제성 강하고 이미지 높은 프로그램은 과연 무엇인가?

좋은 자연환경적 조건을 갖추고 있고, 양질의 화려한 물리적 시설을 갖춘 최신식의 관광시설을 조성한다고 멀고 먼 길을 찾아가던 시절도 아니고, 하드웨어 지향적 시설의 시간적 연속성은 한계가 있지 않은가?

개발대상지가 해양에 입지하고 있고, 아름다운 호수가 있으며, 더없이 잘 보존된 천혜의 자연조건을 가지고는 있으나, 이 정도의 자연조건을 갖추고 시설 역시 잘 꾸며지고 아름답고 쾌적한 시설들은 전국에 걸쳐 참으로 많으며, 상대적으로 미약한 화진포의 인지도, 하(夏)계절 편중된 관광지, 취약한 1차 배후 시장 규모(Market Volume)의 단점을 일시에 극복할 수 있는 화진포만의 개발전략은 무엇인가?

무엇보다도 가장 고민되는 부분은, 서울 중심부에서 250km 거리로 인구 2,200만 명의 최대 이용객 및 관광객 송출 시장인 수도권과 4시간대 거리에 위치해 물리적 거리의 한계뿐만 아니라 심리적 한계를 어떻게 극복할 수 있을 것이며, 수도권을 겨냥한 차별화된 시설구성과, 한국 시장뿐만이 아니라 해외 마켓에서도 통할 수 있는 고부가가치의 독자성 있는 시설 및 프로그램은 과연 어떤 것들이 있을까?

화진포 연가의 애잔한 환청,
좌불안석의 시간들

사업개발 컨설팅의 매력이자 또한 가장 어려운 점 중 하나는 매번 다른 이슈, 다른 성격의 프로젝트들을 마주해야 하기에 프로젝트마다 늘 새로운 기분과 신선한 마음가짐으로 수행할 수 있다는 점이다. 더불어 늘 새롭게 다시 풀어내야 할 새로운 매듭과 해결 과제 때문에 또 그만큼 매번 다른 성격의 인고의 시간들을 보내고서야 프로젝트가 마무리된다는 점이다.

그동안 시설지향적인 관광지의 한계성과 물리적 시설개발 위주의 최신식 제품의 짧은 품질보증기간들을 오랜 세월 동안 참 많이도 보아왔던 터라, 화진포 관광개발 프로젝트가 그동안의 보편적이고 어디에서도 흔히 만날 수 있는 하드웨어 지향적 관광지 개발에서 탈피하기 위한 이 난해하고 극복해야 할 어려운 숙제들 때문에 오랜 기간 좌불안석(坐不安席)의 시간들이 계속될 수밖에 없었다.

프로젝트가 각 단계마다의 프로세스를 거치고 나름 무난히 마무리되어가는 시점에서도 가슴 한 켠 자리 잡고 있는 덜 개운함, 덜 새로움, 프로젝트가 끝난 후, 프로젝트 책임자로서 또한 컨설팅 전문가로서 꼭 다시 느끼게 될 것 같은 아쉬움과 미련, 그 어떤 형언하기 어려운 기운이 스스로에게 감지되는 참 묘하고도 난해한 프로젝트였다.

흘러간 노래 〈화진포에서 맺은 사랑〉의 후렴 부분인 "영원토록 변치 말자 맹세한 사람"의 가사와도 같은 화진포 연가가 여전히 잔잔한 여운으로 파장되는 환청(幻聽)의 시간들도 한동안 계속되었다.

분단국가의 특수성과 통일시대를 지향하는 화진포 관광타운

다시 개발전략과 개발구조, 도입시설 부분부터 재검토하기 시작하고, 수차례의 주요 극복과제들을 되새겨보고, 몇 차례의 원점회귀를 거듭했다.

세계 유일무이(唯一無二)한 분단국가 중 하나인 남한 최북단에 위치하며, DMZ와의 거리가 불과 10km 남짓한 화진포만의 고유(Unique)하고 유일한(Only-One) 특성들을 다시 리스팅(Listing)하며, 보다 프로젝트의 상품성을 강화할 수 있는 실현 가능한 프로그램과 아이디어를 고민했다.

그러다 프로젝트가 막바지 일정에 접어들던 어느 날, 뇌리를 스치고 지나가며 영감을 던져준 몇 장면은 다음과 같은 개발 아이템과 개발 존(Zone)으로 추가되어 정리되었다.

평화&통일 타운(Peace&Unification Town, 관광특구 Zone)

개발컨셉

- 화진포의 입지적, 지역적, 문화적 특성을 최대한 고려하며, 분단국가, 휴전선의 이미지를 조형화한 평화와 통일이라는 주제의 상징성 있는 '남북 교류 관광특구(화)로 지정'함
- 북한+북한인+북한상품+북한문화+한국인을 주제로 한 볼거리, 놀거리, 먹거리, 즐길거리의 장마당을 스트리트몰 형태로 조성

도입프로그램 구성

- 북한인+강원지역민이 직접 개발에 참여하고 운영하고 판매하는 북한 주제의 관광마당이자 장터거리로 개발하며, 통일·문화 관광상품을 강력한 브랜드로 하는 내외국인의 축제, 문화, 행사, 교류의 장으로 개발

도입시설 구성

- 통일&평화 이벤트 광장, 통일전망대, 통일전시관, 금강산 육로관광센터
- 북한상품 전문 면세점, 북한을 주제로 한 쇼핑몰, 북한·강원 전문음식점 거리, 지역특산품 전문센터, 국내외 방문객 관광안내소

자연성, 지역성, 독자성,
콘텐츠 및 프로그램 지향적 개발

프로젝트 대상지인 화진포가 지니고 있는 아름답고 경이로운 물리적 하드웨어를 담아내고, 화진포의 지리적, 역사적 의미를 고스란히 간직하고 일깨우며, 그래서 자연(自然)의 수려함과 인공(人工)의 조형미가 조화롭게 어우러진, 새롭게 재창조된 환경을 조성하는 것이 토지계획가라면 누구나 꿈꾸는 작업의 완성일 것이다.

또한 열악한 프로젝트 대상지의 물리적 한계를 극복해야 하는 경우에 있어서도 그 프로젝트의 성격에 적합한 소프트웨어와 프로그램을 조화롭게 도입해 적절하고 조화로운 장소성을 부여하며, 그 주어진 공간을 명소화(名所化)할 수만 있다면, 그것이야말로 단지설계가의 궁극적 목표이자 보람이고 기쁨일 것이다.

그런 관점에서 화진포는 참으로 소중한 환경이자 의미가 있는 지역이었으며, 원석이자 보석과도 같은 이 재료들을 어떻게 가공하고 다듬어서 더 고운 색깔로 빛나게 치장하며, 그 공간이 품고 있는 맥락의 요소(Contexts)들과 스토리들을 최대화하고 극대화해야 할지 고민되는 소중한 장소였다.

물론 그 당시의 프로젝트는 여건의 변화와 정책상의 과제들로 실현되지 못하고 여전히 많은 이야기만을 간직한 채 고스란히 미개발 상태 그대로 남았고, 앞으로 또 어떤 이슈와 과제로 그곳 화진포가 많은 이들이 찾게 되는 의미 있는 곳으로 변화해갈지는 미래의 몫으로 남게 되었다.

2003년 당시 프로젝트를 진행하며 개발컨셉과 전략의 한계들을 나름의 임계점(臨界點)으로 변환하며, 우려와 복잡했던 심사와 고민들이 한줄기 빛과 희망의 계기로 전환되었던 몇 가지 장면을 소개하면 다음과 같다.

Scene 1. 2002년 부산에서 열린 제14회 아시안 게임

당시 아시안 게임의 최고 스타는 마지막 경기 마라톤에서 금메달을 딴 북남의 두 선수 함봉실, 이봉주도 아닌 바로 북한에서 온 300여 명의 여성 응원단이었다. 관중을 구름떼처럼 몰고 다닌 응원단은 경기마다 다채로운 패션으로 무용과 율동, 구호, 노랫가락으로 시선을 사로잡으며 신드롬을 일으켰고, 그동안 부정적으로 인식해오던 '대북관'을 긍정적으로 변화시키는 데 한몫을 담당했으며, '우리는 역시 하나'임을 느끼고 확인하며 앞으로 달라질 남북 관계에 대한 희망 섞인 기대감을 갖게 하는 통일을 향한 작지만 큰 발걸음이었다.

Scene 2. DMZ(비무장지대)

한국 전쟁을 멈추게 했던 휴전 협정 당시의 DMZ는 당시뿐만 아니라 현재까지 존속되고 있고, 휴전선으로부터 남북한 각각 2km씩 병력을

배치하지 않고, 일반인의 활동이 엄격히 금지되어 자연 생태계가 보존
되어 있으며, 아시아 최대의 자연보호지역으로 주목받고 있다.

Scene 3. 금강산관광의 첫 출항 모습

금강산 관광은 1998년 11월 18일 관광선 금강호가 이산가족 등 남
측 관광객 826명을 태우고 동해항을 떠나 북한 장전항에 입항하면서
역사적인 막을 올렸다. 2003년 2월에는 육로관광이 개시되었고, 2008
년까지 10년간 193만여 명의 남측 관광객을 유치하는 성과를 냈으나,
2008년 7월 11일 발생한 남측 관광객 피격 사망사건으로 금강산 관광
은 현재까지도 전면 중단된 상태이다.

쉼 없이 진화 중인 부동산 투자와 사업개발, 또 다른 과제

도시 및 타운개발의 뉴 패러다임
- Active Adult Retirement Community(AARC)

55⁺ 활동적 은퇴자 공동체 커뮤니티,
'시니어 파라다이스 타운'

서울에서 차로 1시간여를 달리면 강과 호수가 있고, 나지막한 산들에 둘러싸인 아늑한 곳에 좋은 에너지와 활력이 샘솟는 듯 느껴지는 아름다운 뉴타운이 그림처럼 펼쳐진다. 이곳 전체 60만 평 터에는 8,000세대의 거주자가 살고 있다.

이 타운에는 27홀의 퍼블릭 골프장을 비롯해 쇼핑센터와 영화관, 도서관, 실내·외 수영장이 있는 대형 레크리에이션센터, 스파&워터파크, 헬스센터, 소방서, 경찰서 등 어지간한 시설은 다 입주해 있다. 또한 시니어들을 위한 전문병원시설이 있으며, 실버 계층의 질병과 장애 관련 케어서비스가 필요한 경우 언제나 편리하게 이용할 수 있는 보호시스템과 요양시설이 있다.

주택들은 공원 산책길과 단지 내 도로를 따라 목구조 형태의 단독주택부터 골프코스 레이아웃을 따라 펼쳐진 페어웨이 주택, 호수 전망의 타운하우스 단지, 그리고 3~5층 규모의 연립형주택 단지와 콘도미니엄 단지가 있다. 지역공동체 커뮤니티센터와 레크레이션센터, 쇼핑센터의 모든 시설들에는 활동적인 시니어와 은퇴자들이 정해진 일정에 따라 파트타임으로 근무하고 있으며, 병원시설들은 모두 이곳 지역민들의 자발적 봉사활동으로 일손을 돕고 있다.

타운 내에는 하나의 대형커뮤니티센터를 비롯해서 3개의 단지 내 커뮤니티센터가 있으며, 센터 내의 식당 및 카페에서는 아침식사는 물론이고 점심과 저녁식사가 제공되고, 이곳의 메뉴와 푸드서비스는 방문객들에게도 대단한 인기가 있다. 타운내의 거주자들은 집에서 직접 식사를 준비하는 경우보다도 분위기 좋은 이곳 식당에서 커뮤니티 멤버들과 식사하는 빈도가 더 많은 상황이며, 이곳의 보조 조리사와 식사 서빙 역시 자치적 인력으로 구성되어 해결하고 있다.

매달 실비 개념의 일정 금액을 내면 커뮤니티센터 및 클럽에 있는 모든 시설과 다양한 프로그램들을 마음껏 이용할 수 있고, 골프와 테니스, 승마를 비롯해서 피트니스센터, 실내·외 수영장, 라켓볼, 게이트 볼 및 당구 등과 같은 스포츠 시설과 예술공연극장, 도서관, 목공예 및 공방 등의 취미생활과 예술적 취향을 가진 시니어를 위한 다양한 편의시설들과 프로그램들이 갖추어져 있으며 동호회 활동도 활발하다.

이곳의 거주자들에게 평생교육을 제공하는 프로그램도 인근에 위치한 대학에서 실비의 연회비를 지불하면 다양한 교육 프로그램과 시설들을 마음껏 이용할 수 있으며, 교수와 강사 역시 퇴직한 전문가 그룹의 타운 내 거주민 위주로 구성되어 있으며, 다양하고 의미 있는 봉사 프로그램은 지역 내에서도 정평이 나있다.

점심식사가 끝나는 시간에는 시니어들이 레크리에이션센터로 모여들기 시작하면서 분주해지기 시작하는데, 골프클럽, 테니스클럽은 물론 사진, 와인, 미술클럽 등 총 20여 개의 클럽이 운영되고 있다. 두 쌍이 짝을 이뤄 골프를 치는 노인들, 삼삼오오 야외 테라스에 둘러앉아 시원한 맥주를 마시는 커뮤니티 멤버들, 요가를 하며 건강을 챙기는 젊은 할머니들, 카드놀이와 마작을 하며 승부욕을 불태우는 분들까지 이곳에서는 하루 온종일 웃음이 떠나질 않는다.

주말과 방학 시즌에는 사전예약과 엄격한 룰에 따라 쇼핑센터와 영화관, 레크레이션센터, 스파시설과 다양한 부대시설이 방문가족에게도 한정적으로 개방되고 있다. 특히 스파&워터파크, 수영장 시설 등은 나이 어린 손주들에게도 인기만점이며, 이용 순번을 기다리는 거주민 가족 대기자들도 많고, 커뮤니티센터의 프라이드도 상당히 높다.

그동안 직장과 사회생활로 바쁘게만 지내온 은퇴자들은 이곳에서 '제2의 삶'을 찾는다. 시니어들이 단지 무료한 일상생활을 보내거나 보살핌을 받는 존재만은 아니며, 클럽 강사들 중 다수가 역시 전문가 수준의 은퇴자들로 전공이나 특기를 살린 '마지막 봉사'로 그 즐거움을 누리고 있다.

이곳에는 이처럼 진정한 '시니어 문화'가 살아 있다. 다양한 사회생활과 경력을 가진 은퇴자들과 시니어들이 이 같은 복지시설과 프로그램이 완벽하게 구축돼 있는 이곳에서 편안한 여가생활과 노후생활을 만끽할 수 있으며, 선호하는 클럽에서 동료들과 다양한 취미생활도 즐길 수 있다. 여전히 건강하고 활동적인 은퇴자들에겐 '꿈의 낙원'으로 불리는 곳, 이곳이 바로 '시니어 파라다이스 타운'이다.

쾌적한 주거환경과 어메니티, 최고 프로그램의 커뮤니티, 적절한 비용

활동적 성인 은퇴자의 휴양 및 커뮤니티 시설(AARC, Active Adult Retirement Community)인 '시니어 파라다이스 타운'의 입주자격은 가족 중 적어도 한 사람이 55세 이상이어야 하며, 19세 이하는 거주가 금지된다.

• 쾌적한 물리적 환경&어메니티(Amenity)
• 다양한 커뮤니티센터와 부대시설, 전문적이고 격조 있는 운영
• '제2의 인생', '삶의 질' 유지를 위한 수준 높은 프로그램

이곳의 개발 및 운영 컨셉은 아름답고 쾌적한 물리적 환경 속 주거공간과 최고 수준의 편의시설을 이용하며, 활동적인 시니어들을 위한 맞춤형의 다양한 커뮤니티와 격조 있는 운영을 통해 은퇴 이후 제2의 인생과 삶의 질 유지를 위한 다양한 프로그램을 체험하면서 보다 즐거운 삶의 가치를 실현하는 것이다.

이곳의 가장 큰 장점은 저렴한 주거비와 생활비를 들 수 있는데, 주

택은 목구조 형태의 단독주택부터 연립형 주택, 타운하우스, 콘도미니엄 등의 형태로 다양하고, 주택 분양과 입주 보증금 형태의 지불이 가능하다. 분양가 기준 최저 2억~최대 5억 원대로, 단독 및 저층주택은 환경친화적이고 경제성을 고려해 목구조와 조적구조 형태로 건립이 가능할 것이며, 합리적인 주택가격과 함께 저렴한 재산세 책정 등 지자체의 은퇴 시니어들을 위한 입주민 지원프로그램을 통해 지원을 도모할 수도 있을 것이다.

생활비는 관리비 포함 월 평균 100~200만 원(2인 기준) 수준을 유지하며, 활동적인 시니어들의 경우 원하는 공동체 커뮤니티시설에서 주 20시간 정도 활동하며, 일하는 즐거움과 함께 근로소득을 통해 생계 문제를 스스로 해결할 수 있도록 지원하는 다양한 커뮤니티 프로그램을 운영할 수 있다.

이곳에 거주하는 활동적 시니어들의 가장 큰 관심사는 다양한 여가 프로그램으로 운영되는 공동체 커뮤니티의 시설과 프로그램이다. 서로 공통되는 관심사를 공유하는 다양한 클럽과 동호회가 활성화되어 있어, 선호도와 열정에 따라 월 단위 및 연 단위 일정에 맞춰 이곳 커뮤니티 내 멤버들과 새로운 관계를 형성할 수 있다는 장점과 기회가 있다.

동호회 활동을 통해 평생교육, 스포츠 활동과 체력단련, 파티 및 여행 등 다양한 교육 기회와 소통의 시간을 통해 적극적인 여가생활과 취미활동을 할 수 있다는 점일 것이다.

의료 시스템은 시니어들의 건강유지와 라이프스타일을 고려한 의료체계 및 케어프로그램이 운영되며, 독립적인 생활공간에 거주하면서도

출처 : 미국 애리조나의 은퇴자 마을 '선시티(Sun City)'

공동체 커뮤니티 활동을 통해, 비슷한 연령대의 또래와 함께 나이 들어
갈 수 있는 건강지원 프로그램 운영이 또 다른 자랑거리이다.

이상은 은퇴자 및 활동적 시니어들을 위한 커뮤니티시설이 발달한
선진 사례의 시설들과 커뮤니티 프로그램 설계와 운영에 기반해서, 한
국의 '고령사회' 및 '초고령사회'에서 도입되고 개발되었으면 하는, 즉
'부동산 사업개발의 뉴 패러다임'으로서의 '은퇴자 및 활동적 시니어
타운'으로 구상한 가상의 시나리오이다.

초고령사회로 급속히 변화하고 있는 한국

우리나라의 고령화 속도는 세계에서도 유례가 없을 정도로 빠르게
진행되고 있다. 65세 이상 인구가 총 인구에서 차지하는 비율이 7% 이
상인 경우 '고령화사회(Aging Society)'라고 한다. 65세 이상 인구 비율이
14% 이상을 '고령사회(Aged Society)'라고 하고, 20% 이상을 '후기고령
사회(Post-aged Society)' 또는 '초고령사회'라고 한다.

인구의 고령화 요인은 출생률과 사망률의 저하에 있으며, 한국의 고
령화 속도는 경제협력개발기구(OECD) 37개국 중에서 최고 수준으로,
고령화 비율 연평균 증가율은 3.3%(1970년~2018년)로 OECD 가입국 중
가장 높다. 한국은 이미 2000년 '고령화사회'로 진입한 후 18년 만인
2018년 고령 인구 비중 14% 이상을 기록해 '고령사회'로 진입했다.

UN추계에 의하면 2025년에 65세 이상의 인구가 총 인구에서 차지하는 비율은, 일본 27.3%, 스위스 23.4%, 덴마크 23.3%, 독일 23.2%, 스웨덴 22.4%, 미국 19.8%, 영국 19.4%로 예측된다. 한국은 2025년에 전체 인구의 20%에 이르는 '초고령사회'로 돌입할 것으로 추정되며, 2045년에는 일본을 넘어 세계 1위의 고령화 국가가 될 것이며, 2067년에는 인구의 절반에 가까운 46.5%가 노인 인구가 될 것이라고 추정하고 있다.

고령이란 용어에 대한 정의는 일정하지 않으나, 한국의 '고령자고용촉진법시행령'에서는 50~54세를 '준고령자'로, 55세 이상을 '고령자'로 규정하고 있으며, 한국노동연구원의 조사에 따르면 평균 퇴직 연령은 54.1세(임금자 52.3세, 비임금자 56.5세)로 55세가 넘어가는 시점에서 은퇴자의 비중 역시 급속히 늘어나는 현상을 보이고 있다.

강력한 소비계층으로 부상하는 베이비부머

의학의 급속적인 발달에 따라 기대수명이 연장되고, 이른바 '100세 시대'가 전개됨과 더불어 이전의 실버 세대 개념과는 다른 활동적인 실버 세대의 급증과 이에 따른 시장 수요의 증가에 따라 신성장산업으로서 뉴실버산업에 대한 가능성은 한층 부각되고 있다.

1차 베이비붐 세대(1955~1964년생)의 은퇴와 실버계층진입이 본격화되었고, 2차 베이비붐 세대(1968~1974년생)까지 실버계층으로의 진입이 시작되며, 2020년 기준 전체 인구의 1/4 이상을 차지하는 이들 활동적 실버계층에 따른 사회·경제적 변화에 관심이 고조되고 있다. 정부정책 역시 '고령친화산업진흥법'을 제정(2006년)하고 '고령친화산업지원센터'를 지정(2008년)하는 등 실버산업을 성장동력 산업으로 집중 육성하기 위한 정책을 추진해오고 있다.

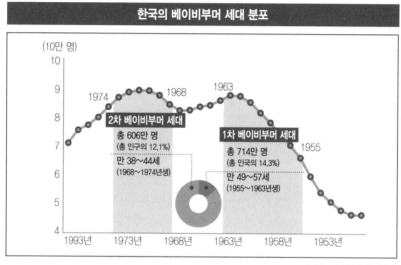

한국의 베이비부머 세대 분포

자료 : 삼성경제연구소

실제로 이들 베이비부머 세대는 국내 토지의 42%, 건물의 58%, 주식의 20%를 소유하는 등 강력한 소비력도 보유하고 있고, 구매력을 갖춘 뉴 실버 세대가 늘어나고, 60대 이상 연령층의 신용카드 사용액도 증가하고 있는 상황이다.

삼성경제연구소가 발표한 보고서 〈실버 세대를 위한 젊은 비즈니스가 뜬다〉(2012년)에 따르면 생산과 소비의 중심 계층인 1, 2차 베이비부머 세대의 실버층 진입으로 '고령자=가난한 비주류층'이라는 통념이

점차 희석되고 은퇴 세대는 '부유하고 활동적이며 건강하게 장수하는' 소비 그룹으로 인식될 것이라고 내다봤다.

한국보건산업진흥원이 발표한 〈고령친화산업 현황 및 전망〉에 따르면 국내 실버산업의 규모는 2020년에 124조 9,825억 원으로 전망하고 있으며, 연평균 성장률도 무려 14.2%에 달한다.

한국의 은퇴자 공동체 및 실버 커뮤니티타운의 현황

우리나라의 실버 세대를 위한 주거형태의 타운하우스는 그동안 다양한 형태로 개발되어왔으며, 1988년 7월 우리나라 최초의 유료 양로시설인 '유당마을'을 시초로 주로 의료재단을 중심으로 설립 운영되어왔으며, 유형에 따라 도심형, 도시 근교형, 전원 휴양형 등으로 나눠지고, 그 시설이나 위치 등에 따라서 가격도 다양하다.

이러한 시설들은 메디컬서비스, 여가생활서비스, 푸드서비스 등의 의료 및 편의서비스를 제공하며, 주거동과 너싱홈동, 요양원동 등으로 구분해 운영되고, 건강상태에 따라 단계적인 서비스를 시행하고는 있으나, 주로 헬스케어 및 돌봄서비스 위주의 시설들로 활동적인 고령자 및 은퇴자 공동체와는 개념적으로 차이가 있다.

대표적인 실버타운으로는 삼성 노블카운티, 서울 시니어스타워, 더 클래식500, 노블레스 타워와 SK 그레이스 힐, 더 헤리티지, 시니어 캐슬 클라시온, 정원 속 궁전, 하이원 빌리지 등이 있다.

수도권 주요 시니어타운 비교					
구분	위치	크기	입주 보증금	월 생활비	특징
더클래식500	서울시 광진구 자양동	185㎡	9억 2,000만 원	400만 원 (부부 기준)	• 수영장, 헬스장 등 다양한 편의 시설 • 24시간 의료 서비스
서울 시니어스타워	서울시·성남시 분당구	43~192㎡ (위치에 따라 다름)	3.3㎡당 1,000만~ 1,500만 원	100만~ 220만 원	• 신당동·등촌동·자곡동·성남 분당 등 5곳에 위치 • 실속형 시니어타운
노블레스타워	서울시 성북구 종암동	63~159㎡	2억 8,000만~ 6억 2,000만 원	123만~ 167만 원	• 사회복지사 상주
삼성 노블카운티	경기도 용인시 기흥구	99~185㎡	3억 4,000만~ 6억 5,000만 원	180만~ 238만 원	• 선진국형 시니어타운 • 국내 최대 규모

자료 : 각 사 취합

　또한 전원생활과 귀촌을 희망하는 은퇴자들의 공동생활형시설로는 '은퇴자 공동체마을'이 대표적인 시설과 프로그램으로, 귀농 및 귀촌체험, 지역사회 봉사활동, 연금생활자의 'Well-Aging' 등을 표방하며 단기체험형(2~3개월) 및 장기체재형 등의 프로그램으로 운영되고 있다.

　2020년 현재 제주·문경·예산·남원·영월 등 전국 19개 지역 27개 마을을 대상으로 공무원연금공단이 실시하는 공유복지 사업의 경우는 농촌에 산재해 있는 빈집이나 농어촌체험휴양마을 등의 유휴공간을 지방자치단체와 함께 은퇴자가 공동생활을 할 수 있는 여건을 조성해놓고 있기도 하다.

　'은퇴자 주거복합단지'라는 개념의 시설로는 '서천 어메니티복지마을'과 '고창 웰파크 시티'가 있다. 이들 시설은 은퇴자나 고령자들이 건강한 시기에 입주해서 지속적인 돌봄서비스를 받고, 여가를 즐기면서 노후를 맞이하는 마을이라는 개념의 시설로, 대단지 규모에 주거·의료·돌봄·여가시설들로 조성한 해외의 '은퇴자주거복합단지'인 AARC(Active Adult Retirement Community) 또는 CCRC(Continuing Care Retirement Community)를 국내에 적용한 초기 모델들이다.

서천 어메니티복지마을은 충남 서천에 위치하며 보건복지부의 '농어촌 복합노인복지단지'의 시범지역으로 선정되었고, 천주교 대전교구가 위탁 운영 중인 시설로, 전체 면적 12만여m^2에 고령자용 국민임대아파트(보금자리 주택, 33m^2형 96세대, 51m^2형 11세대)의 주거시설과 노인복지관, 요양병원, 요양시설, 장애인 종합복지관, 보호작업장의 시설 및 파크 골프장, 한방 찜질방, 야외 공연장 등을 갖추고 있다.

입주민 평균 나이는 80대 초반이고 독거 세대가 약 70%이며, 복지관과 장애인 종합복지관·보호작업장은 서천군민을 위한 시설로 사용되고, 요양병원(정원 197명)과 요양시설(정원 99명)은 거주지 제한이 없다.

서천 어메니티복지마을 전경

'고창 웰파크시티'는 서울시니어스타워가 운영 관리하는 시설로 전북 고창군에 위치하며, 면적 142만여 ㎡에 재활치료와 휴양이 가능한 복합 의료관광지로 개발을 추진하고 있다. 주요시설로는 온천 휴양병원과 실버휴양촌(700세대), 가족호텔(250실), 대중 골프장 등의 시설과 스파시설, 상업시설, 문화센터, 산림욕장 등으로 60대 이후를 위한 지속적 케어시스템을 갖춘 한국형 리타이어먼트 빌리지(Retirement Village) 전원형 요양시설의 형태이다.

고창 웰파크시티 전경

은퇴자 도시 및 은퇴휴양시설의 미래 시장과 과제

'은퇴자 도시'란 일정 수준 이상의 연령에 도달한 여전히 활동적인 중·장년층이나 은퇴자 및 시니어계층이 건강한 상태에서 입주해 하나의 주거공동체를 형성하고, 인근 지역에서 휴양과 레저를 즐기며 집약

적이고 체계적인 의료 및 복지서비스를 받을 수 있는 복합단지를 의미한다.

외국의 경우는 1960년대부터 이미 민간 주도로 조성된 대규모 시니어도시 형태로 개발되어왔으며, 미국은 은퇴자의 천국이라 할 만큼 시니어타운&리조트가 잘 발달된 나라로 미국 전역에 2만여 개의 실버타운과 3천여 곳이 넘는 은퇴자 마을 및 도시가 있다.

미국의 대표적 은퇴자 도시이자 일본, 중국 등 다른 나라의 실버타운 모델이 되고 있는 애리조나주의 선시티(Sun City)는 여의도 면적의 12배에 이르는 약 1,000만 평에 2만 6,000가구 이상 거주가 가능하도록 구성되어 있으며, 현재 3만 6,000여 명의 은퇴노인들이 거주한다. 이들 중 63%는 65세 이상 노인이고 평균 연령은 73세로 그야말로 '은퇴자 도시'이다.

이들의 대다수는 까다로운 입주조건(가족 중 한 명은 반드시 55세 이상)과 은퇴자가 제2의 인생에서 선호하는 골프, 운동 및 레크레이션, 봉사 등의 활동과 종합병원, 요양병원 등의 다양한 복지시설 등을 갖춘, 이른바 주거와 위락, 문화적 욕구를 충족함과 동시에 입주자의 자발적 참여에 의한 지역 커뮤니티의 운영 등 다양한 프로그램을 갖춘 타운 및 도시규모로 개발되어왔다. 특히 플로리다, 애리조나, 캘리포니아, 네바다 등 기후환경이 양호한 지역을 중심으로 개발되어 발전을 거듭해오고 있다. 이들 단지의 공통적 요소는 중년에서 노년기로 접어드는 초기 노년기 사람들로부터 어느 정도의 활동적 생활을 할 수 있는 중기 노년기, 즉 50대 후반부터 70대 중반까지의 연령대가 공동생활을 영위하면서 활동적인 제2의 노년기를 스스로 개척하는, 즉 '활동적인 고령자 은퇴 공동체'의 개념이다. 완전한 노인이라기 보다는 노년기에 접어드는 중·고령자들의 왕성한 활동이 보장되는 공동체로서 단순히 먹고 자고 생활하는 장소라기보다는 거주자들에게 특별하고 고령자 지향적 라이프 스타일상의 다양하고 질 높은 프로그램들을 제공하고 선택하게 함으로써, 스스로 추구하는 라이프 스타일을 만들어갈 수 있는 다양한 프로그램들과 시설을 갖추고 있다는 점일 것이다.

한국의 경우 이미 최근 저출산·고령화의 영향으로 인구감소가 지방 도시와 농촌지역에서 심각한 문제로 다가오고 있으며, 수도권에 편중된 의료 및 요양시설도 문제의 소지가 충분히 있는 상황이고, 또한 실버계층 역시 도심을 쉽게 벗어나지 못하는 성향이 강한 점을 고려하면 지방 중소도시의 인구문제는 보다 더 심각해질 수 있다.

기존의 도심형 럭셔리 실버타운이나 전원주택은 부유층의 상징으로 여겨져온 경향이 있으며, 초고령사회 시대에 고비용의 민간 실버타운은 경제적 측면에서 부담이 되며, 고령자용 공공임대주택은 저소득층에 한정되어 있는 상황이다. 은퇴자 마을 조성사업은 입주민들의 여가 활동을 위한 운동시설과 레저시설, 전문적 의료시설이 겸비되어야 하고, 더불어 저렴한 입주비용과 생활비도 필수적이다.

특히, 한국의 높은 토지가를 비롯한 막대한 초기비용을 감안한다면 정부나 지자체의 국공유지 등의 저가 및 임대형태의 부지제공과 세제 지원, 기반시설 등의 지원 혜택도 필요할 것이며, 은퇴자 마을이 단순한 부동산 상품개념이나 은퇴 이후의 주거용 또는 세컨드 홈으로 여겨져서 또 다른 재테크의 수단으로 인식되어서도 안 될 것이다.

고령인구의 급속한 증가에 따른 복지문제 해결수단으로 은퇴자 문제에 대한 사회적 요구는 급속히 증대될 것이 명확한 상황이며, 은퇴계층의 정주 및 휴양, 저렴한 생활비 등을 고려한 주거 커뮤니티의 수요도 증가하고 있는 현 상황에서, 향후의 시장규모, 시장요구도를 감안한 보다 적극적인 '활동적 시니어 세대를 위한 맞춤형 시설개발'이 필요할 것으로 판단된다.

부동산 사업개발의 뉴 패러다임으로서, 은퇴자 및 활동적 시니어들을 위한 '시니어 파라다이스 타운' 프로젝트가 지방도시 재생과 연계한 '뉴타운개발'의 일환으로 거듭 연구되고 진행되어, 이미 목전에 다가와 있는 사회문제를 해결할 수 있는 미래지향적 선진국형 부동산 사업개발 모델로 인식되고 현실화되었으면 하는 바람이다.

한국 고유의 콘텐츠가 숨쉬는 터전, 한류의 공간화 과제

대한민국의 문화와 콘텐츠의 힘

대한민국의 콘텐츠와 문화가 대한민국 이외의 나라에서 인기를 얻는 현상을 '한류(韓流, Korean Wave)'라고 정의할 수 있다. 한류라는 단어는 1990년대에 한국 문화의 영향력이 타국에서 급성장함에 따라 등장한 신조어로서 초기 한류는 아시아 지역에서 드라마를 통해 시작되었고, 이후 K-Pop으로 분야가 확장되었다. 2010년대에 들어서는 동아시아를 넘어 중동 및 북아프리카, 라틴아메리카, 동유럽, 러시아, 중앙아시아 지역으로 영역을 넓혀 최근에는 북아메리카, 서유럽 그리고 오세아니아 지역으로 급속히 확산되고 있다.

한류 현상의 중심인 한국적 콘텐츠 역시 처음에는 TV드라마와 대중음악 등 대중문화 중심으로 발생했으나, 시간이 지나며 패션, 음식, 영화, 게임, 문학 등 한국의 다양한 문화로 범위가 확산되고 있다. 이러한 한류 현상에 힘입어 한국 특유의 문화상품과 한국산 제품을 보다 더 밀착해 접촉하기 위해 국내로 인바운드(In-bound)되는 관광수요의 저변 확대와 함께, 정치·경제적 부가가치의 상승, 국가 브랜드의 상승효과까지 그 영향력은 추산하기가 어려울 정도로 다양화되며 광범위해지고 있다.

전 세계의 한류 열풍

1997년 〈사랑이 뭐길래〉, 〈목욕탕집 남자들〉, 〈별은 내 가슴에〉 등의 드라마가 중국에서 방영되고 성공을 거두기 시작하면서 '한류'라는 말이 본격적으로 등장했다. 이후 베트남과 대만, 일본 등지에서 HOT, 클론 등의 그룹과 〈대장금〉, 〈가을동화〉, 〈겨울연가〉 등의 한국 드라마가 성공을 거두면서 동남아 시장에서 한국의 대중문화가 새롭게 인식되기 시작했다.

이후 K-Pop은 2005년 일본에서 보아, 동방신기를 시작으로, 카라, 소녀시대, 비, 원더걸스 등의 성공과 더불어 아시아지역을 넘어 유럽, 중동지역까지 확산되었고, 2012년 가수 싸이의 〈강남스타일〉이 미국에서 열풍을 주도하며 빌보드 Hot 100 차트에서 2위를 달성했고, 이로써 새로운 한류의 국면을 맞이하게 된다.

문화 콘텐츠 분야의 초강대국인 미국 진출에도 성공하며, 2013년 이후에도 EXO, 방탄소년단 등의 활동을 통해 K-Pop의 인기가 꾸준히 지속되고, 유럽의 주요 영화제에서 한국 영화가 좋은 성과를 거두고, 한국의 대중문화를 즐기기 위해 한글을 배우려는 열기마저 감지되는 등 대성공을 거둔다.

한류의 주무대가 되는 대상국가 및 지역 또한 초기에는 중화권(중국, 홍콩, 대만, 싱가포르 등)과 일부 동남아시아지역(필리핀, 베트남 등)과 일본 등이었으나, 최근에는 중앙아시아(몽골, 카자흐스탄 등)와 동남아시아에서 좀 더 확대된 주변 국가들(태국, 캄보디아, 인도네시아, 동유럽 등)과 남미와 북아메리카 지역까지, 그 지역도 점차 확대되고 있다.

문화체육관광부와 한국 문화산업교류재단이 실시한 한류실태조사(미국인 400여 명 대상)에 따르면, K-Pop이 한국 국가 이미지의 긍정적 개선 효과에 약 33%의 영향을 주고 있는 것으로 밝혀지기도 했고, 한류 전문사이트의 설문조사(미국 회원 1,569명 대상)에 따르면 41%가 K-Pop과 한국 드라마를 즐기면서부터 한국어를 배우기 시작했다고 답했다. 조사 대상자의 26%는 한국 음식을 맛보게 됐고, 16%는 한국 제품을 구입하는 계기가 되었다고 대답하는 등, K-Pop으로 인해 한국 대중문화에 대한 선호가 한국 생활문화에 대한 선호로 이어지는 현상도 확인할 수 있다.

물론 일방적인 한류 현상과 자국문화 보호 등으로 중국에서의 반한류(反韓流), 일본에서의 혐한류(嫌韓流)라는 반발에 부딪히기도 하고, 한국의 대중문화가 새로운 시장개척의 위기국면을 맞이하기도 하는 등 꾸준한 대중성을 확보하고 유지하기 위해서는 부단한 노력과 콘텐츠의 한계를 극복해야 하는 과제도 분명 존재한다. 하지만, 한국의 콘텐츠를 소비하는 잠재된 고객 시장이 그 어느 때보다도 확충되고 있고, 충성도 높은 마니아층이 형성되어 있으며, 이로 인해 한국 콘텐츠의 소비계층과 시장 규모 역시 커지고 있음은 부인할 수 없는 사실이다.

한류와 한국 콘텐츠의 공간화 과제

그동안은 한류의 영향과 더불어 이와 관련한 목적지향적 방문객도 증가하고 있으나 이들을 위한 관광환경과 관광시설, 관광상품은 열악해 겨우 '성지순례'를 하듯 드라마 촬영지 등을 방문하는 정도에 그쳤다. 이것마저도 관광인프라 및 아이디어의 부족으로 순간적 상혼에 그치거나 그마저도 부정적 시너지와 문제점만 노출하기 일쑤였다.

'지갑 열지 않는 한류 관광객'(《조선일보》 김창우 기자)이라는 제목의 한 신문칼럼에서는 드라마의 인기로 인해 전년 대비 5% 이상 증가하는 일본 관광객의 몰림 현상에 대해, 인기 연예인들의 훤칠한 외모와 연기력, 그리고 잘 쓰여지고 잘 찍은 드라마 덕분에 그저 가만히 앉아서 맞이한 '황금의 찬스'를 준비되지 않은 관광환경 및 마케팅 마인드의 부족으로 제대로 잘 살리지 못하고 있는 점을 지적하기도 했다.

한동안은 이러한 한류의 열풍을 지속할 수 있는 공간화의 방안으로 고양시 일산 신도시 인근 부지 30만 평 규모의 '한류우드(Hallyuwood)'를 조성해 이른바 차세대 엔터테인먼트의 메카로 만들겠다는 사업계획을 발표하기도 했고, 문화 콘텐츠 분야의 고급인력을 양성할 수 있는 CT(Culture Technology)대학원 설치 등의 지원 방안이 논의되기는 했으나 사업 논의단계에서만 그치고 실현화단계까지는 가지 못했다.

그렇다면 과연 이러한 한류의 거센 물결과 이로 인해 파생되는 거대한 시장 수요와 바잉 파워(Buying Power)에 대응할 수 있는 공급자 및 개발자 관점의 사업개발 방안은 무엇이 있을까? 대규모의 부지와 최첨단의 규모 있는 다양한 하드웨어 시설을 멋지게 조성하는 것만이 우선 순위의 방법이고 정답인 것일까?

콘텐츠의 상업화 공간, 작지만 경이로운 공간

필자가 제주 방문 시 즐겨 찾는 장소 중 하나로 비록 작은 규모이지만 경이롭다고 생각하는 장소가 있다. 단 하나의 주제(Theme), 단 하나의 아이템(Item)만으로 이를 상업적 콘텐츠의 최대 소재로 활용하고 극대화해, 지극히 상업적인 공간(Commercial Space)으로 프로그래밍하고 개발해 성공한 사업개발의 대표적 완성 모델로 꼽는 사례 중 하나인데, 바로 중문단지 내에 위치한 테디베어 뮤지엄이다.

중문관광단지 95만 평 중에서도 단위 규모로서는 가장 소규모라고 할 수 있는 테디베어 뮤지엄의 부지 규모는 4,000여 평(13,725㎡)에 불과하지만, 이용객수와 이용객단가, 매출규모를 감안할 때 중문단지 내 유수의 호텔들과 관광시설들과 비교하더라도 투자 대비 가장 효율적인 영업실적을 거두고 있는, 말 그대로 가성비 최고의 사업개발이자 시설개발임에는 의심의 여지가 없다.

이곳은 봉제 곰인형인 테디베어를 주제로 100여 년간 전 세계에서 생산되는 진귀한 테디베어와 작가들의 작품 1300여 점을 전시하고 있는 테디베어 주제의 박물관이다. 약 2년간의 개발 소요시간과 약 100억 원의 개발비용이 투입되어 2001년 4월 개장했다. 이곳에 전시되어 있는 테디베어들은 고가의 산양모(Mohair) 원단으로 디자이너들이 직접 손으로 작업해 각각의 캐릭터를 부여하고 있다. 테디베어의 역사를 비롯해 서울의 역사, 근현대 100년 인류사, 세계여행 등 다양한 주제의 작품 디오라마, 애니매트로닉스(Animatronics), 스토리관 등의 전시시설, 식음료 시설로 바(Bar), 카페, 레스토랑 등의 시설로 구성되어 매출액 대비 약 45%의 순이익 실적을 기록하고 있다.

현재 테디베어 뮤지엄은 국내에만 제주중문 1호점을 비롯해 여수, 경주, 군산 등 지속적으로 시설을 확장하고 있는 중이며 서울의 롯데월드몰에는 에코 키즈파크인 '테디베어 주(Zoo)'를 론칭하고 있다.

제주 테디베어 뮤지엄

한류의 역동적 물결과
한국의 문화를 품을 수 있는 공간 창출

한류에 해당되는 한국 문화의 대표주자는 K-Pop, K-Drama, K-Movie, K-Food는 물론이고 한국어, 문학작품, 패션, 게임, 애니메이션 등 다양한 범위로 확산되고 있으며 인기몰이를 하고 있는 중이다. 문화체육관광부가 발표한 '콘텐츠산업 통계조사(2019)'에 따르면 한류의 영향으로 콘텐츠산업 수출액이 5년간(2014~2018) 연평균 16.2%씩 높은 성장률을 유지하고 있으며, 방탄소년단(BTS)을 비롯한 K-Pop 가수들과 드라마, 애니메이션의 등의 한류 콘텐츠 수출액(2018년)은 사상 처음으로 10조 원을 돌파했다고 한다.

영화 〈쥬라기 공원〉(1994년) 한 편을 통한 1년 수익이 자동차 150만 대 수출 수익에 맞먹는다고 할 만큼 문화산업을 통한 경제적 효과는 과히 상상을 초월하는 수준이다. 한국의 문화 콘텐츠와 한국인의 에너지가 이렇게 세계의 관심과 사랑을 받고 있고, 한류의 뉴 웨이브가 한국 문화산업의 큰 역할을 하고 있는 상황에서, 아직도 한국의 콘텐츠가 어우러진 복합문화 엔터테인먼트의 한류 주제 공간과 여가문화의 변변한 공간이 없어 한국을 찾아오는 한류문화 체험의 목적지향적 방문자들에게 이와 관련한 편익과 서비스를 충분히 제공할 수 없고, 한류산업의 부가가치를 극대화할 수 있는 기회를 놓치고 있다는 것은 참으로 안타깝다.

한국의 콘텐츠,
'한류가 생동하는 터'의 공간화 모델 컨셉안

Korea Culture Town&Music—City

개발컨셉

한국의 K-POP, K-Music, K-Drama, K-Movie, k-Food를 테마화하고,

소프트웨어 프로그램과 첨단의 하드웨어 시설이 어우러진

'KOREA Culture의 메카'로 조성

한류가 주제가 되고 세계인의 다양한 대표적 장르인

힙합, 재즈, 올드팝, 뉴에이지, 클래식 등의 음악이 주제가 된

페스티벌 로드&이벤트 플라자(Festival Road&Event Plaza) 형태의

이벤트&쇼핑&공연 몰 형태의 **Music-City** 개발

도입시설 구성

K-Pop 공연장 및 스튜디오, K-Movie&Animation 전용 상영관,

음악스쿨, K-Food 스튜디오, 한류 주제 및 한국 오감문화 쇼핑몰,

한류상품 전문면세점, 한국과 세계음식 전문음식점 거리,

한국음식 체험스튜디오, F&B 시설,

게임전용 공연장, 게임산업관, 드라마제작 스튜디오,

소주제 스튜디오(힙합, 재즈, 올드팝, 뉴에이지, 클래식),

공연기획 벤처센터, 엔터테인먼트 오피스,

한류 방문객 관광안내소 등

한류 콘텐츠들

한류의 소비패턴과 체계적인 유통시스템 확립의 필요성

최근 고양시 소재의 문화관광 복합단지인 한류월드 사업이 2004년 시작된 이래 한류우드, 케이팝 전용 공연장, K-컬처밸리 등 몇 차례의 난항을 거듭한 끝에 CJ그룹이 최종 사업자로 선정(2016년)되었다. CJ E&M의 다양한 콘텐츠를 활용한 신개념 테마파크 'CJ 라이브시티'의 조성이 본격화되고 있으며, 2024년 개장을 목표로 하고 있다는 반가운 소식이 들려온다.

비록 한류의 태동기와 그동안의 지나온 궤적을 감안하면 상당한 시간을 낭비했고 또한 많이 늦은 감도 있지만, CJ그룹과 CJ E&M이 한국의 문화산업과 엔터테인먼트 산업의 주축으로서 상당한 기여를 해왔고, 그동안의 성공적 사업모델과 노하우를 비롯해 그룹이 가지고 있는 세계적 수준의 다양한 문화콘텐츠 자산과 그룹마인드를 감안한다면 더할 나위 없이 창의적이고 창조적인 공간 창출을 기대해봄직하다.

CJ 라이브시티의 예정 부지 전경

한류가 세계인의 정서를 감동시킴과 동시에 정체성 있는 문화 현상으로 앞으로도 그 의미를 유지하고 지속시키기 위해서는 비단 예술인과 문화인의 노력뿐만 아니라, 한국의 문화가 지닌 멋과 에너지와 힘을 보다 더 짜임새 있고 성숙되게 연출하는 노력이 전제되어야 할 것이다.

한류 현상 자체가 세계문화의 다양화 추세와 디지털 미디어의 발전과 세계화 등으로 인해 성장해왔지만, 한류의 소비패턴을 감안하면 대부분이 오프라인의 직접적인 유통행태보다는 온라인을 통해 무료로 즐기는 경우가 대다수이다. 이러한 점을 감안한다면 한류 콘텐츠의 체계적인 유통시스템의 확립도 중요하며, 더불어 문화산업 측면에서는 보다 더 부가가치 높은 한류 상품의 개발도 중요할 것이다.

또한 공간 개발 측면에서도 한류 콘텐츠 소비자 관점과 마인드를 충족시킬 수 있는, 보다 정교함과 치밀함이 동반된 상업적 공간의 조성이 필요할 것이다. 더불어 지금 시점이 인바운드 시장의 소비자뿐만 아니라, 훨씬 더 많은 한류 시장과 한류 소비자가 존재하는 아웃바운드 시장으로의 진출도 적극적으로 모색해볼 수 있는 베스트 타이밍의 시점이 아닌가 생각하게 된다.

03

왜 국제적 수준의 대형 테마파크 투자 유치는 실패하는가?

국제적 수준의 대형 테마파크 유치를 위한 부단한 노력

세계적인 대형 테마파크를 한국에 유치해오기 위한 시도는 지금까지 무려 40여년에 걸친 기간 동안 수도권을 비롯해 전국권에 걸쳐 끊임없이 노력을 해왔으며, 현재도 다양한 기업과 지자체에서 부단히 시도중인 유치사업으로, 대형 부동산개발 프로젝트의 일환으로 진행중인 대표적 사업 중의 하나이다.

세계적 수준의 대표적 대형 테마파크인 디즈니랜드, 유니버설 스튜디오, MGM 스튜디오 등이 한국에의 진출을 제안 받았으며, 공급자 시장 위주의 이점을 활용하여 이들 대형 테마파크 주체는 유럽과 동남아를 비롯해 상당히 공격적인 시장 진출전략을 감행해왔고, 이들의 브랜드를 우선적으로 선점해 유치하고자 하는 국가도 아시아권에서는 한국, 중국, 일본, 홍콩 등을 비롯 상당히 치열하게 전개되어왔다.

한국의 경우, 80년대 말 김포매립부지 대상의 운하사업을 진행하던 동아그룹을 필두로 그동안도 대기업을 비롯, 지자체, 정부출현기관 등 다양한 유치구도와 방법으로 애정공세를 지속해 왔고, 지난 정부시절에는 대통령이 직접 마케팅에 힘을 싣기도 했으며, 최근까지도 인천의 워터프론트 프로젝트와 송산 그린시티 프로젝트에 국제적 테마파크 투자 유치 노력을 경주해오고 있다.

왜 글로벌 테마파크인가?

부동산 개발사업에서 브랜드 파워만 하더라도 엄청난 초대형 테마파크를 유치 함으로서 얻게 되는 효과는 경제적 효과뿐만이 아니라, 테마파크 사업부지 개발을 포함해 주변의 용지개발을 통한 지역 및 타운개발의 부동산 사업개발 효과뿐만 아니라, 지역경제의 활성화, 세수증대 효과, 고용효과 등 유치지역 자체의 도시 및 지역개발의 판도를 순식간에 바꿀 수 있을 정도로 그 파급효과는 상당하다고 할 수 있다.

세계 주요시장을 주도하는 대형 테마파크로는 디즈니랜드, 매직킹덤, EPCOP Center, MGM 스튜디오, 유니버설 스튜디오 등이 있으며, 입장객수 기준으로는 동경 디즈니, 매직킹덤, LA 디즈니, 파리 디즈니, 엡콥(EPCOP)센터 순으로 디즈니 계열의 테마파크가 상위권 5위 내에 모두 선정되어 있으며, 한국의 대표적 테마파크인 에버랜드와 롯데월드도 꾸준히 세계 상위 10위권 내에 이름을 올리고 있다.

또한 씨월드, 세서미 플레이스, 사이프레스 가든, 부시 가든을 운영하는 Anheuser-Busch, MCA(US, Japan), Magic Mountain과 식스플래그를 인수한 Time Warne 등도 한국의 유치대상 후보기업들이기도 하다.

테마파크 사업의 특성은 디즈니의 성공요인이 말해주듯 테마파크 운영수입뿐만 아니라, 캐릭터를 기초로 한 영화, 출판물 등 테마파크 기반의 관련 소프트웨어 산업으로의 복합적 전개가 가능해 대부분의 경우 다극화 사업의 형태를 띠고 있다.

국내 여가 및 관광활동 중 테마파크 방문율은 최근까지도 지속적이고 안정적인 성장곡선을 그리고 있고, 방문 및 재방문율 향상을 위해 특화된 이벤트 개최를 포함해 체험과 위락기능 등을 지속적으로 보완하고 있으며, 특히 청소년 및 유소년 층을 대상으로 가장 인기 있는 여가활동 중 하나이다.

서울 및 수도권에 위치하는 테마파크의 경우 개발주체가 주로 대기업의 계열사이며, 부지면적은 일반적으로 최소 300,000㎡ 이상이며, 부지 내에 라이드류의 놀이시설과 숙박시설, 동물원, 워터파크 등을 도입해 종합 리조트로 개발되어 있는 형태이다.

수도권 내에 위치한 주요 테마파크는 연도별 차이는 있으나 초기 투자비가 일반적으로 1천억 원 이상의 사업자금이 투자되었고, 지방 소재의 경우는 100~500억 원 수준의 투자로 조성되어 졌으나, 투자비 대비 수익성은 소규모의 테마파크가 비교적 더 양호한 것으로 나타나는 경향을 보이기도 한다.

또한 각 테마파크별로 특정 주제를 표방하고는 있으나 어트랙션시설과 라이드시설 등의 라이프 사이클이 비교적 짧고 지속적인 추가 비용이 수반되며 , 장치산업의 특성상 연간 매출액 중 재투자율도 7%를 상회하는 수준이다.

2020년 기준으로 국내 테마파크 이용객은 총 약 3,400만여 명으로, 서울 및 수도권에 입지해 있는 테마파크 시설이 국내 테마파크 시장의 약 80%를 점유하고 있다.

세계적 테마파크 운영자의 투자 패턴 및 참여방식은?

테마파크 산업의 투자패턴은 직접 투자자(Direct Investor) 및 운영자(Operator)로서, 또는 테넌트(Tenant)로서의 형태를 보이기도 하지만 최근의 참여방식은 운영자(TPO, Theme Park Operator)의 소극적인 사업참여 방식을 선호하는 경향을 보이고 있다.

디즈니사의 경우 아시아 진출 시 싱가포르, 상해 등 유치희망 국가 및 도시의 경쟁을 유도하기도 하고, 유로디즈니의 경우 프랑스와 스페인을 상대로 보다 나은 사업조건과 인센티브를 요구하기도 한다.

시설 규모와 투자 규모가 상대적으로 비교적 작고 유소년층이 주요 타깃인 레고랜드의 경우도 1990년대 후반 제5의 레고랜드를 위해 아시아 진출을 준비하는 과정에서 일본의 후보지 두 곳과 한국의 후보지 이천을 대상으로 유치희망 도시의 자격요건 검증과 재정지원 및 인센티브 지원 정도를 파악하는 이른바 예비후보지 선정을 위한 프로세스(Entitlement Process)를 진행하기도 했었다.

테마파크 사업의 특성은 여타 사업에 비해 고정자산 비율이 상당히 높고 감가상각비와 금리부담이 상대적으로 크며, 거액의 초기투자 및 재투자비율과 추가 투자 비용이 상당히 높은 장치산업이다.

유로디즈니의 상당기간 적자에서 보듯이 대단히 위험부담이 큰 사업이기도 하다. 또한 새로운 시설의 추가와 지속적 투자에 따라 재 방문객 흡입률의 편차도 심하고, 개장 10년차 이후 유지비용이 급증하는 특성도 있다

이런 실패사례를 바탕으로 그 이후의 디즈니의 참여방식은 도쿄디즈니의 경우, 사업주체인 오리엔탈랜드가 사업부지 제공과 직접 건설, 직접 운영을 하며, 디즈니사는 직접투자 없이 소프트웨어 제공과 운영 노하우 및 브랜드를 제공하고, 운영수수료에 해당하는 로얄티를 수령하는 조건 즉, 입장료 수입의 9%, 식음과 캐릭터 등 판매 수입의 5%, 호텔 총 매출의 3%와 총 운영수익의 10%의 조건으로 진출하였다.

유로디즈니의 경우는 유로디즈니랜드의 부분적 지분참여 형태로 출자했으며, MCA의 일본 참여방식은 사업회사에 30% 정도 규모의 출자를 하고 오사카시가 토지조성과 사회기반시설 정비 등을 담당하는 사업진출 방식으로 진출 기본구조를 형성하였다.

또한 디즈니사의 후보지 선정과정을 비롯해 주요 테마파크 개발시의

일반적인 요구조건 중의 하나는 테마파크 부지주변의 개발가용지가 풍부하고 추가 개발여지와 도시발전의 잠재력이 큰 지역을 최우선적으로 요구하는 성향이 강하다.

이는 테마파크 개발과 그 주변용지의 개발로 인한 호텔 및 휴양지, 쇼핑센터 및 아울렛 몰, 리조트 및 컨벤션 등의 추가시설 조성에 따른 개발 파급효과와 더 큰 기대수익이 가능한, 보다 광범위한 지역개발 차원의 후보지 선정과 참여방식을 선호하고 있기도 하다.

테마파크 투자 유치 사례

업체명	사업추진내용	핵심투자요인	프리사운딩 체크리스트
디즈니 랜드	• 1995년 D사가 수도권 매립지 대상 투자 유치 진행 • 아시아 지역 내의 입지적 경쟁력 열위, 도쿄디즈니등의 이유로 한국 진출 포기 결론 • 당시 MCA, 타임워너사, 앤호이저부시(Anheuser-Busch) 대상 프리사운딩 동시진행	• 프로젝트 및 Site 경쟁력 • 시장규모 – 이용객수(입장객수) / 도시규모 – 객단가 / 구매력 / 소비자 생활패턴 • 프로젝트 수익성 및 투자규모	직접 지분투자 / 지분비율
			용지제공 / 건설비 부담
			공인된 로컬 파트너사
유니버셜 스튜디오	• 2008년 USKR 설립 및 롯데 등 9개사와 PFV 사업으로 화성의 수자원공사 부지 대상 진행 • UPR로부터 한국사업 우선협상권 취득후 진행했으나 시장규모, 토지가 등의 문제로 현재 협상 결렬 상태	• 로컬 파트너(Local Partner)사 • 지분출자 및 재원조달 구도 • 지자체 등 참여 및 인센티브 프로그램 • 토지 가격 및 토지 개발조건	토지소유자 및 토지가격
			개발리스크 분담
			용도지역 및 관련 법규
			대상지 주변 개발 가용지 여부
MGM 스튜디오	• 2007년 MSC Korea 설립 및 라이선스(License) 취득 • 인천 영종도, 동부산, 제주도, 경기도 등에 추진 • 지자체와의 파트너십 및 토지가, 출자구도 등의 문제로 협상결렬 • 당분간 한국진출 보류	• 용도지역 규제(Zoning Regulation) • 접근성(고속도로 / IC / 철도 및 역사 등) • 경관(내부 경관 & 외부조망) • 기반시설 및 유틸리티 – 전력 및 가스 공급체계 – 통신망 체계 – 상하수 공급체계 – 우배수(Rainwater drainage) – 토지 등급(Site Grading) • 완충지대(Buffer Zone) 등	역사 및 문화유적 여부 / 지역민 선호도
			환경영향 및 NGO 반대여부
			기반시설 및 유틸리티
레고랜드	• 1997년 레고랜드 아시아의 후보지 대상 예비 선정 절차 진행 • 한국의 이천시와 일본의 2개 후보지 동시 진행했으나 중단 • 현재 춘천 중도 대상 사업진행 중		정부 및 지자체 지원 / 인센티브
			지자체 사업 보증 및 지원 여부
			기타 개발관련 사항 등

세계적 테마파크
운영자들의 까다로운 투자 요구 조건들

투자자 및 운영자 유치를 희망하는 입장에서는 세계적 유수의 테마파크 유치를 기반으로 개발 프로젝트 사업지표들의 획기적 개선이 주안점이라면, 투자자 및 운영자 관점에서의 투자의사결정의 주안점과 사업단계별 요구사항은 다음과 같다.

사업 준비단계
- 사업시행을 위한 국내 파트너 물색 및 지원
- 세제 감면, 재정 지원, 인허가 절차 지원
- 정부 및 지자체의 인허가와 기반시설 사업일정 보증 및 확약
- 지자체의 해외 투자기업에 대한 긍정적 정책홍보 및 대민홍보

사업 건설단계
- 토지 무상지원 또는 토지가 할인 및 장기 임대
- 부지주변(Off-Site) 및 부지(On-Site)의 사회기반시설, 공급처리시설(상수/하수/소각/가스/전기/통신 등)의 지원
- 정부 및 지자체 인허가 과정에서 비용 면제 및 절감 혜택
- 각종 영향평가 관련(환경/재해/교통 등) TFT 지원 및 자문비 보조
- 토지조성비 제공 및 접근성 개선
- 접근로(고속도로, 국도, 역사 등)에 안내표시 설치 제공
- 정부 및 지자체의 지역안내, 관광안내 홍보제작 및 홍보

사업 운영단계
- 공급처리시설비 보조 및 사용요금 감면
- 사업 운영 및 관리단계의 조세 감면
- 종업원 고용관련 보조금 또는 교육비 보조금 지원

왜 다국적 투자 주체인 세계적 테마파크 운영자들은
한국 시장 진출을 외면하는가?

위에서 언급한 세계적 유수의 테마파크 운영자들의 까다로운 투자 요구조건들은 한국 외의 여타 국가 및 지역에서도 마찬가지로 투자 및 진출 결정시에 항상 점검하는 그들 나름의 매뉴얼에 기반한 체크 리스트 사항들이다. 이는 역으로 한국 투자기업의 해외진출 아웃바운드(Out-bound) 사업의 경우에도 마찬가지일 것이다.

유치를 희망하는 여타 국가들 역시 이러한 요구사항들을 적극적으로 수용하기 위해 외국인 투자 유치 관련 촉진법들이 다양하게 구비되어 있으며, 또한 투자 유치 및 마케팅을 위한 준비와 마인드가 한국 부동산시장 개방초기와 비교할 경우 훨씬 더 향상되어 있고 개방되어 있는 상황이다.

단지 우리나라의 경우 그동안 개방의 정도 및 국제화가 일반적 다국적 투자가들의 눈높이를 맞출 기회가 없었거나 부족했다고 해도 무방할 정도로 익숙하지 못했음도 사실이다.

과연 그렇다면, 이들의 투자성향을 충분히 파악하고 까다로운 조건들을 적극적으로 수용할 의사가 있으며, 보다 더 양호한 조건충족을 제안함에도 불구하고, 유수의 국제적 수준의 대형 테마파크 사업자 관점에서 한국의 투자시장이 매력적이지 못하고 여타 경쟁국가들 대비 비교 열위이며, 결론적으로 그들의 선택지가 되지 못하는 이유는 과연 무엇일까?

테마파크 개발의 잠재적 투자 주체 또는 운영자들을 대상으로 한국 시장의 사업진출 가능성에 대해 직접 방문인터뷰를 하거나 프리사운딩(Pre-Sounding)을 할 경우 그들의 투자가능성에 대한 언급들은 대부분 비슷하며 그 골격은 다음과 같다.

- 프로젝트 자체는 대단히 흥미로움
- 테마파크 이용자수의 정교한 예측이 중요함
- 리스크 헤지(Risk Hedge)를 위한 경영참가, 노하우 제공 등의 지적 자산(Intellectual Property)의 투자 의향은 있음
- 프로젝트 파트너로서의 참가는 가능하며, 금전적 투자보다는 테마파크의 설계, 경영기술, 노하우의 전수 등을 선호함
- 이에 대한 지분 일부를 양수 하는 등의 사업구조 참여는 가능함

그렇다면, 투자자들의 요구사항을 적극 반영해서 투자환경을 극대화하고, 테마파크 개발의 긍정적 시나리오와 부정적 시나리오에 의한 사업 리스크를 최소화하는 전략수립이 이루어 졌을 경우, 이들 테마파크의 주요 플레이어들을 대상으로 과연 투자 유치를 성공적으로 이끌어낼 수 있을 것인가?

결론은 경쟁국 또는 경쟁도시와 비교해
상대적으로 열악한 시장규모

결론부터 말하자면, 그들의 한국 시장 진출에 대한 투자의사결정의 최종 결론은 지극히 부정적이다. 테마파크 개발의 잠재적 투자 주체 또는 운영자들이 가장 우려하는 것은 시장 타당성 및 경제적, 재무적 타당성을 좌우하는 가장 큰 가정치 요소(Assumption Index)인 배후수요 즉, 시장의 규모가 경쟁국 또는 경쟁도시와 비교했을 경우, 비교가 불가능할 정도로 상대적으로 작고 취약하기 때문이다.

이들의 최종 의사결정과정의 메카니즘 그 기본구조 속으로 들어가서 검토 분석을 전제해보자면 다음과 같다.

비록, 테마파크 진출시의 주요 고려사항인 도시의 입지, 도시의 규모 및 인구 밀집도, 구매력과 객단가, 소비자 여가행태 및 생활패턴, 기존 인프라 및 지원시설은 비교우위 또는 절대 열위가 아니라 할지라도,

또한, 투자 유치 후보지의 대상지 물리적 환경, 광역접근체계, 지역의 성장 잠재력과 후보도시의 창조적 경쟁력이 충분히 경쟁력이 있다 할지라도,

설령, 테마파크 사업의 결정적 검토요인중의 하나인 국내의 강력한 파트너 기업, 투자지원 규모 및 인센티브, 긍정적 사업구조 및 재원조달 구조, 토지현물출자 및 장기 무상 또는 경쟁력 있는 임대료 제공, 원활한 부동산 개발 파급효과를 기대할 수 있는 양질의 배후부지(Off-Site)

의 제공, 투자 대비 수익구조의 지표인 ROI(영업이익/자산)가 그들의 기대 수익률을 충족할 수 있다 할지라도,

한국의 시장규모와 배후 수요규모는 그들의 경쟁후보지이자 또 다른 선택지가 될 수 있는 중국의 상해, 광조우, 텐진과 비교할 때, 인도의 델리, 뭄바이, 첸나이 그리고 홍콩 및 싱가포르 등과 비교할 때, 이들 비교 도시들의 타깃 마켓(Target Market)과 유치권역(Catchment Area)에서의 그 규모는 과히 한국의 여타 도시들과 비교 불가하다고 판단되어질 수 있다.

요즘 시대 국경을 넘나들 수 있는 여행객의 원활한 교통수단과 이동 패턴을 감안하더라도, 투자자들의 영업수지를 결정하는 현금흐름분석 (Cash-flow Simulation)상의 수익성 지표는 그만큼 회복불능의 열악한 상황이라는 결론에 도달하고 있는 것이다.

이 또한 극복가능하고 새로운 특단의 변수가 발생한다면 참으로 다행스럽겠지만, 현재로서는 이런 이유가 지금까지의 부단한 노력과 정성을 다했음에도 한국에서 국제적 수준의 대형 테마파크 유치가 번번히 실패하고 좌절하는 근본적인 문제라고 할 수 있을 것이다.

다국적 글로벌
투자기업의
시각으로 조명하는
한국의 부동산 시장

부동산 시장 개방 20년의
Track Record

IMF 구제금융시대의 서막

1997년 12월에 시작된 IMF 경제 위기는 한국의 취약한 경제의 뿌리부터 뒤흔들었으며, 우리 국민들과 사회 전체를 엄청난 혼란과 격동 속으로 몰아부치는 심각한 위기상황이자 총소리 없는 '금융 전쟁'에 버금가는 일대 대사건이었다. 불과 1년 전이던 1996년 12월 12일, 한국이 OECD(경제협력개발기구)에 가입하고 빠른 성장과 적극적 시장 개방으로 금방이라도 선진국 대열에 합류하게 될 것이라는 자부심으로 가득 차 있던 상황에서 한국경제의 민낯이 한순간에 드러나는 순간이기도 했다.

당시 재계 14위였던 한보그룹 계열사의 한보철강이 1997년 1월 부도를 맞게 되고, 이를 계기로 기업들의 연쇄 부도 사태가 벌어지고, 4월에는 삼미그룹이 부도를 낸 데 이어 7월에는 기아자동차마저 도산하는 사태로 이어지고, 쌍방울그룹과 해태그룹이 위기를 맞았으며, 고려증권과 한라그룹이 차례로 쓰러진다.

1997년 한 해 동안 부도를 낸 대기업의 금융권 여신만도 30조 원을 훌쩍 넘어서며 금융 시장의 혼란은 바로 한국을 금융위기 상황으로 몰아간다. 결국 1997년 12월 3일 한국은 외환보유액이 한때 39억 달러까지 급감했고, IMF에서 195억 달러의 구제금융을 받게 되면서, 그 즉시 한국경제는 IMF가 요구하는 경제체제를 수용하고 그 요구에 따라 대대적인 국가경제 구조조정이 시작된다. 연일 급박한 경제 뉴스와 문을 닫는 기업들의 소식, 순식간에 실업자로 전락한 직장인들의 모습이 24시간 전파를 타면서, 평소에는 별 관심도 없었던 CNN과 '블룸버그 비즈니스 뉴스' 등의 채널에 귀를 열게 되던 시절이었다.

급작스럽게 IMF 구제금융시대가 시작되고, '제2의 국채보상운동'이라고 불리기도 했던 '금 모으기 운동'에 전국민이 줄지어 참여하게 되는데, 350만 여 명이 참여한 이 운동으로 227톤의 금이 모아져 세계적 이슈가 되기도 했다. 하나하나 모아진 금들을 정부와 기업이 사들여 외환과 바꾸는 식으로 외환 위기를 극복하고자 했던 그 시절, 한국 부동산 시장은 우여곡절을 겪는 과정에서 글로벌 투자기업들에게 전면 개방되었다.

1998년 6월에는 대동은행, 동남은행, 동화은행, 경기은행, 충청은행 등 5개 퇴출은행이 발표된 동시에 국민, 주택, 신한, 한미, 하나은행으로 넘어가게 되었다. 이들과 연관된 많은 관련 기업들도 연달아 도산 위기에 빠지게 되면서 금융위기의 여파가 한층 더 거세지던 시기였으며, 금융기관들이 자체적으로 부실채권 정리가 어려워 한국자산관리공사(KAMCO)에 매각하는 것에 절대적으로 의존하던 시기였다.

하지만 KAMCO 역시 부실채권을 정리해본 경험이 부족한 상황에서 국제입찰방식으로 다시 매각해 자금을 회수하는 방식을 채택하게 되고, 그 첫 번째 기획인 'KAMCO NPL 98-1 국제경쟁입찰'에 참여하기 위해 한국에 처음 진출하게 되는 외국계 투자자와 투자은행인 골드만삭스, 론스타, 모건스탠리, 도이체방크, 메릴린치 등의 글로벌 투자기업들을 처음 접하게 되는 순간이기도 했다. 이들 기업들과 몇 차례의 NPL 프로젝트와 Transaction 프로젝트를 같이 진행하면서 그들의 투자 성향을 비롯해 철저하고 기본에 충실한 투자 기법, 자산평가의 원리원칙, 투자 수익률 및 리스크 관리에 대한 선진화된 부동산 투자와 관리기법을 경험하는 계기가 되었다.

한국의 OECD 가입과 IMF 구제금융시대

한국이 선진국 클럽이라고 불리는 OECD에 가입하게 된 때는 1996년 12월로 IMF 구제금융이 시작되기 꼭 1년 전의 시점이었다. 그렇다면 과연 한국의 OECD 가입과 IMF 구제금융시대는 어떤 상관관계가 있는 것일까?

한국이 경제개혁과 개방정책을 기치로 OECD 회원국(2021년 현재 37개 회원국)으로는 29번째로 가입하게 되고, 가입을 전후해 한국 금융 시장은 완전히 문을 열고 개방경제시대를 맞이하게 된다. 하지만, 한국은 근본적으로 법률적, 제도적 여건과 자본 시장 현대화가 이뤄지지 않은 상황에서 충분한 사전 준비를 하지 못한 상태였으며, 이에 급박하게 시장 개방과 자본 유출입을 허용함으로써 결국 IMF에 구제금융을 요청하기에 이르게 되었다.

OECD 가입 직후 한국은 금융 자유화와 금융 시장 개방 등으로 채권 및 주식 시장, 단기차관 도입을 개방했고, 금융기관들은 이 단기차관 자본을 빌려 기업이 발행한 어음을 사들이고, 이로 인해 외국자본이 국내에 빠르게 증가한다. 그런 과정에서 자연스럽게 외국에 진 빚도 점점 더 늘어나면서 금융기관들이 사들인 어음을 발행한 기업이 부도가 나자 금융기관들은 바로 즉각적인 어려움을 겪게 되는 상황에 처한다.

즉, 금융구조가 취약한 상태에서의 거듭된 시장 개방 압력, 금융기관의 부실, 외환 시장 불안정 속에서 원화가치를 지키기 위한 인위적인 환율 방어에 따른 보유 외환의 급격한 감소와 외환지급 불능사태를 초래한 환율 운용정책의 실패가 결과적으로 IMF 경제 위기를 초래한 것이다. 이에 정부는 독점재벌의 해체, 공기업의 민영화, 부실기업 정리, 노동자 정리해고의 간편화, 소비촉진정책 등 경제구조를 개편했고, 경제정책도 크게 바꾸었으며, 그 결과 2001년 8월 IMF의 구제금융을 완납함으로써 IMF 관리체제를 예정보다 일찍 끝낼 수 있었다.

이로써 한국경제는 다시 고성장과 저물가, 경상수지 흑자 상황으로 전환되면서 IMF 경제 위기도 그 막을 내리게 된다. OECD 가입과 IMF 구제금융 이후 지난 25년 동안 한국의 주요경제 및 사회지표는 눈에 띄는 성과를 이루었고, 한국은 현재 1996년 가입 당시보다 GDP와 1인당 GDP가 2.5배 이상 증가했으며, 그 순위도 현재 38개국 중 10위에 자리매김하고 있다.

한국 부동산 시장 개방화의 과정들

한국 부동산 시장 개방 초기에는 외국투자기업들은 부동산과 개발 사업 등의 직접적인 투자보다는 M&A를 통한 간접매입 등의 방법으로 투자를 시작했다. 그러다 1998년 하반기부터 시작된 국내 은행 및 금융기관들의 NPL 입찰 참여로 본격적인 부동산 투자 활동을 시작한다. 1999년부터는 오피스빌딩 매입 등의 하드 에셋(Hard Asset) 위주의 부동산 투자가 진행되기에 이르고, 이후 점차적으로 리테일 등의 상업시설과 물류센터 및 IDC센터 위주의 산업시설, 그리고 부동산 개발사업 등의 순으로 진입한다.

최근의 흐름은 정체되어 있는 오피스 투자 수익률과 코로나 상황으로 인한 언택트 시대와 이커머스 시장의 강세와 함께, 풀필먼트 시스템, 3PL, 4PL, 옴니버스 채널 그리고 온라인과 오프라인의 결합인 O2O부터 O4O, 물류전용 로봇, 드론(Drone) 배송시대 등 유통과 물류의 새로운 키워드의 등장과 함께 유통과 물류의 영역이 파괴되고, 새로운 유통형태의 등장이 이슈가 되고 있으며 물류 부동산 영역 역시 강세를 보이고 있다. 이러한 영향으로 양호한 입지조건을 가진 물류센터의 필요성이 점점 더 강화되고 있다. 이에 물류허브와 도심 물류배송센터의 수요가 급증하면서 물류 부동산의 흐름과 함께 국내 투자자뿐만 아니라 싱가포르계를 비롯해 독일, 미국, 중국계 투자사들의 투자가 급증하고 있는 상황이다.

한편, 이들이 부동산 관련 산업 전반에 걸쳐 진출하면서, 우리에게는 그동안은 새삼 분석하거나 정의할 필요가 없었던 한국의 부동산 특성과 제도, 한국 특유의 부동산 시장 메커니즘에 관한 것들이 다국적 글로벌 투자기업을 비롯한 국내 진출 해외업체와 외국 디벨로퍼들의 시각으로 투영되고, 보다 객관적 진단의 기회를 가지게 되었다. 우리에게는 그동안 마냥 익숙했던 부동산 산업과 시장의 또 다른 실체가 파악되고, 분석되는 계기가 된 중대한 사건이기도 했다. 그로 인해 동남아 부동산 시장 및 해외 시장과의 차이점을 되돌아보며, 더불어 우리나라에서는 보편적, 일상적으로 진행되어왔던 부동산 투자 및 거래 관행과 부동산 개발 과정에서의 특이성과 과제들이 보다 속속들이 드러나고 파악되는 계기가 되기도 했다.

또한 부동산 시장의 글로벌화 과정에서 금융 시장 개편과 함께 프로젝트 금융(PF), 부동산 펀드(REF), 리츠(REITs), 자산유동화증권(ABS), 자산담보부기업어음(ABCP) 등을 비롯해 금융 시장의 체질개선, 간접투자 시장의 제도화, 선진화된 부동산 금융기법들이 시행, 확대되고 있다.

보다 객관화된 지표에 의한 투자 활동과 시장 개방과 글로벌화 과정에서 발생한 부동산 시장의 변화는 지극히 바람직한 현상이라고 할 수 있을 것이다.

02

외국자본 진입 초기 시장과 NPL 시장

1998년 한국의 부동산 시장이 최초로 개방되면서 당시 일본을 비롯해 홍콩, 싱가포르, 말레이시아 등 동남아시아의 주요 시장을 배경으로 활동하던 다양한 유형의 다국적 부동산 투자자들은 한국 시장에 초점을 맞추게 된다. 다국적 외국투자기업의 본격적인 활동과 투자가 시작되었던 시점은 1998년 하반기부터 시작된 국내 은행 및 금융기관들의 NPL 국제입찰 시장이 열리면서부터였다. 정부와 은행, 종합금융회사는 부실채권 정리와 금융기관 구조조정을 위해 한국자산관리공사(KAMCO)에 '부실채권정리기금'을 조성해 그 당시의 은행들이 자체적으로 정리하지 못하는 금융기관의 부실채권을 정리하기 시작했다.

특히, 1997~1998년은 금융기관이 부실채권을 자체적으로 정리하기가 어려워 KAMCO에 매각하는 것에 절대적으로 의존하던 시기였으나, KAMCO 역시 부실채권을 매입하기는 했으나 부실채권의 경험이 전무했던 상황이기도 했다.

NPL 부문의 국제입찰은 말 그대로 국내외 투자자들이 직접 자산실사와 평가 후 경쟁입찰에 참여해 매각하는 방식으로, 일반담보부채권과 특별채권으로 구분해 진행했으며, 매각자산은 공장, 리조트, 상가, 토지 등 9개 단위로 나누어져 있었으나 그 절반 이상의 자산이 공장과 토지 등의 부동산 자산으로 구성되어 있었다.

초기의 국제경쟁입찰은 외국계 투자자 및 투자은행인 골드만삭스, 론스타, 모건스탠리, 도이체방크 등에 헐값으로 매각하고, 외국계 투자자들은 부실채권을 처리하는 과정에서 국내 시장에 부동산을 되팔아 막대한 차익을 실현하게 된다. 초기의 낙찰률은 장부가액의 25%도 채 안 되는 수준이었다. KAMCO가 금융기관으로부터 매입한 부실채권을 자산유동화(ABS 발행), AMC(자산관리회사), CRC(기업구조정전문회사), 국제입찰 등의 방식으로 다시 매각해 자금을 회수하는 방식이 도입되었던 시기도 이때부터였다.

자산유동화(부실채권 담보부 ABS 발행)

부동산, 매출채권, 유가증권, 주택저당채권 등과 같이 유동성은 떨어지나 재산적 가치(시장가치)가 높은 자산을 유동화전문회사에 양도하고, 유동화전문회사가 양수한 자산을 기초로 유동화증권을 발행해 유통시키는 방법으로 대상 자산의 유동성을 높이는 일련의 방법을 말한다.

AMC(자산관리회사)

법정관리 또는 화의절차를 밟고 있는 채권이나 부도기업을 넘겨받아 일부는 팔고 회생 가능한 기업은 출자전환, 신규자금 지원, 지급보증 등으로 회생시킨 다음 매각해 채권을 회수하는 부실자산정리전문회사이다.

1999년 이후에는 은행의 수익구조 개선과 재무안정성이 높아지고 정부는 보다 더 자유로운 투자 시장을 형성하게 되며, 금융기관 역시 자체적으로 부실채권을 매각할 수 있는 길을 열어주면서 NPL 시장이 보다 더 활성화되는 계기가 되었다.

2000년 이후에는 국내의 저축은행과 NPL 전문 투자회사 등이 등장하게 되면서 투자자 역시 다양해지고 거래가격 역시 합리적인 수준으로 결정되기 시작했다. 2004년 이후는 경제상황이 호전되면서 부실채권 규모도 감소하게 되고 2005년 이후는 금융권의 부실채권 비율이 선진국 수준으로 유지되는 등 우리나라의 NPL 시장도 안정기에 접어든다.

그러던 중 2007년 미국의 서브프라임모기지 사태로 인한 2008년 글로벌 금융위기와 국제회계기준 IFRS 도입 등의 이슈로 NPL 시장은 또 다시 큰 변화를 맞이하기에 이르며, 부실채권 역시 다시 급증한다. 이 당시에는 KAMCO 외의 외국계 투자자와 국내 메이저 투자자, 저축은행 등 민간부문 투자자들이 존재하기도 했지만, 2009년 10월 설립된 시중은행에서 공동 출자한 민간기구인 연합자산관리주식회사 'UAMCO'가 설립되면서 본격적인 민간 주도로 재편되고, NPL 시장은 다시 큰 변화의 시대를 맞이하게 된다.

이후 기존 은행권의 자체적 ABS를 활용한 자산유동화가 NPL 처리의 주요 방법 중 하나로 등장하며, 2010년 이후에는 UAMCO와 같은 NPL 전문투자회사에서 부실채권을 패키지로 매각하는 변화도 나타났다.

이처럼 NPL 시장은 민간주도의 시장으로 변화하고, 다양한 투자자가 경쟁을 통해 NPL을 매입하면서 보다 전문적인 시장으로 성장했으며, NPL의 매각주체인 은행은 직접 매각 외에도 다양한 방식을 활용해 NPL 자산을 정리하는 등 NPL 시장도 큰 변화를 보인다.

2020년 9월 기준 국내 은행권의 총 여신은 약 2,148조 원이며, 이 중에서 부실채권 규모는 약 14.1조 원이다. 2019년 말 15.3조 원 대비 약 1.2조 원이 감소하며 총 여신 대비 부실채권 비율은 0.65% 수준으로 2007년 말 이후 가장 낮은 수준을 유지하고 있다. 그러나 총 여신규모가 2007년 대비 약 두 배 증가하면서 부실채권 규모 역시 두 배 가까이 증가한 상황이며, 최근의 코로나 상황과 같은 경제적 충격으로 부실채권이 더 증가할 수 있는 위험은 여전히 도사리고 있는 상황이다.

외국투자기업들이 한국 부동산 시장 개방 초기 적극적 활동을 시작했던 NPL 부문에서 KAMCO의 국제입찰을 통해 부실채권을 정리한 규모는 1997~2007년 10년간 채권액 61억 원, 매입액 13억 원, 매각 금액은 16억 원이었다. 비록 IMF 경제 위기 초기시절은 국제입찰을 통해 외국투자기업에 저평가된 금액으로 부실채권을 정리할 수밖에 없었던 한국경제의 암울하고 어려운 시기였지만, 이로 인해 한국의 금융 시장이 보다 빠른 기간 내에 다시 튼실해질 수 있었던 계기가 되기도 했다. 또한 부동산 시장에서의 부실채권과 무수익 자산의 가치평가 방법과 그 해결 방법을 새롭게 인식하고 경험하는 과정이기도 했다.

외국자본의 거대한 바잉 파워와 오피스빌딩 시장

　1997년 외환위기 이후 국내 기업들은 구조조정과 유동성 확보를 위해 오피스빌딩 매물을 부동산 시장에 내놓기 시작했고, 해외 투자자는 달러와 환율의 급등으로 빌딩 매입이 상대적으로 쉬워지면서 외국자본의 부동산 투자 활동이 활발해지기 시작했다. 이러한 오피스빌딩 투자 시장은 한국의 부동산 시장 개방 이후 가장 활발한 투자가 진행되었고, 현재까지도 여전히 지속되고 있다.

　다양한 유형의 외국 투자자들에 의해 다양한 투자 패턴을 경험할 수 있었던 시장도 바로 이 오피스빌딩 시장이다. 그 대표적인 이유로는 오피스빌딩이 고정적이고 안정된 부동산 자산이라는 측면도 있겠지만, 무엇보다도 한국 오피스빌딩 시장의 높은 수익률 때문이다.

　아시아지역 오피스 마켓의 주요 도시인 동경, 홍콩, 싱가포르 등의 오피스빌딩 투자 수익률이 3.5~5.5%인 것에 비해, 서울의 오피스빌딩은 5~7.5%의 높은 수익률을 기대할 수 있고, 오피스빌딩 임대 수요 역시 비교적 안정된 시장이었다는 점이 가장 큰 요인이라고 할 수 있을 것이다.

시장 개방 이후 2001~2004년 오피스빌딩 투자자 유형과 투자 패턴

시장 개방 이후의 투자자 유형과 투자 패턴을 살펴보자면, 초기에 해당하는 1998~2000년은 외국계 단기 투자 자본 유형의 투자자들 중심으로 기업의 구조조정과 유동성 확보 시기의 시장가격 대비 저렴하게 매물로 나온 중심업무지역의 오피스빌딩 매입이 활발하던 시기였다. 비교적 짧은 투자기간인 5년 이하의 보유기간 내에 연 25% 이상의 투자 수익률을 목표로 하는 투자자가 많았다는 점이 가장 큰 특징이고, 대표적 외국자본으로는 론스타(Lone Star), 칼라일(Carlyle), 모건스탠리, 골드만삭스, 리먼브라더스, 랜드리스, 웨스트브룩 등의 투자기업들이 있다.

이런 유형의 외국계 투자기업이 매입한 오피스빌딩 중에서 가장 규모가 큰 거래는 테헤란로의 스타타워빌딩이다. 현대산업개발이 지은 국내 최대 규모의 인텔리전트 빌딩을 해외자본인 론스타가 2001년 6월 유동성 위기에 시달리던 현대산업개발로부터 6,632억 원의 헐값에 매입하고, 불과 3년여 만에 GIC(싱가포르 정부투자청)에 9,500억 원에 재매각을 하게 된다. 그 매각 차익만으로도 2,800여억 원을 넘어서게 된다.

그 이외에도 이 시기에 이루어진 매입 사례로는 1999년 11월 네델란드계 펀드인 로담코가 테헤란로 역삼동 현대중공업 사옥을 1,250억 원에 매입한 것과 2000년 1월에는 GIC가 한라그룹이 보유한 송파 잠실동 33층의 주상복합건물 한라시그마타워의 부분 11개층을 330억 원에 인수한 사례, 2001년에는 GE코리아가 서초동 메트로빌딩을, 푸르덴셜생명이 역삼동 두산중공업빌딩을 매입한 사례가 있다.

이 시기 한국 시장의 가장 활발했던 외국투자자인 론스타의 헤지펀드(Hedge Fund)에 대해 살펴보면, 론스타 펀드는 1991년 미국 댈러스에서 설립된 대표적 폐쇄형 사모펀드이다. 뮤추얼펀드가 다수의 소액투자자를 대상으로 공개 모집하는 펀드인데 비해, 헤지펀드는 소수의 고액투자자를 대상으로 하는 사모투자 자본이며 고위험, 고수익을 낼 수 있는 상품에도 적극적으로 투자하며, 단기간의 투자 수익을 목적으로 한 투기적 성격도 강한 특성을 갖고 있는 펀드이다.

론스타 펀드의 투자자산은 약 75%가 아시아에 집중하고 있고, 특히 부실채권정리 및 부동산 운용, 구조조정 등의 분야에 투자를 즐겨하며, 한국에서는 1998년 KAMCO로부터 5,600억 원 규모의 부실채권을 매입하고, 1999년에도 두 번에 걸쳐 부실자산 및 국내 은행의 부실채권을 매입해 큰 수익을 내기도 했다. 2000년부터는 매매차익을 주 목적으로 스타타워 빌딩을 비롯해, SKC빌딩, 동양증권빌딩 등의 국내 대형 빌딩에 단기성으로 투자하고 GIC와 맥쿼리뱅크(Macquarie Bank)에 재매각하기도 했다.

2003년부터는 부동산에 이어 기업 M&A 시장에도 본격적으로 나서 외환은행과 극동건설 등을 인수하고 동아건설 파산채권 매각입찰에도 참여했으며, 외환은행 매입 시 산업자본 및 BIS 비율 등의 은행인수 부적격 논란과 매각 시 세금 회피 등의 문제로 논란이 되기도 했다.

2001~2004년 시기에는 국내 오피스빌딩 시장에 국부펀드, 연기금, 생명보험회사 등의 '외국계 중장기 투자 자본 유형의 투자자들'이 본격적으로 진출한 시기였으며, 국적 역시 싱가포르계, 호주계, 유럽계 등으로 다양해졌고, 헤지펀드, 사모펀드, 투자은행 등의 단기성 투자자들이 막대한 시세차익을 거두며 Exit하는 투자 패턴이 가능한 시기이기도 했다.

호주계 맥쿼리뱅크는 2001년 론스타 소유의 SKC빌딩(800억 원)과 2003년 역시 론스타 소유였던 동양증권빌딩(850억 원)을 매입했고, 2004년에는 골드만삭스 소유의 대우증권빌딩을 720억 원에 사들였다. 그 이외에도 독일계 DEKA가 2003년 서울증권(947억 원)을 매입했고, GE캐피탈 계열의 GE리얼에스테이트가 브릿지증권빌딩(714억 원)을 매입했으며, 싱가포르계 MPI가 한나라당 당사(430억 원)를 인수했고, 2003년에는 네덜란드계 로담코가 여의도 은석빌딩(1,000억 원)을 매입했다.

강남 지역의 경우는 2004년 GE리얼에스테이트가 역삼동 국민카드빌딩(695억 원)과 강남 메트로빌딩(410억 원)을 매입했으며, 영국 푸르덴셜계 PPIM이 나라종금빌딩을 830억 원에 인수했다. 또한 독일의 도이체방크가 2004년 삼성생명 소유의 충무로 빌딩, 여의도 빌딩, 삼성동 빌딩, HSBC 빌딩을 총액 2,037억 원에 매입하고, 일본계의 교리츠코리아가 남대문로의 하나은행빌딩을 1,120억 원에 매입하면서 국내 빌딩 시장에 본격적으로 뛰어들었다.

GIC는 2000년 서울파이낸스센터(SFC)를 3,550억 원에 매입한 것을 시작으로, 2000년에 회현동 프라임타워(490억 원), 2004년 무교동 현대상선빌딩(430억 원)과 코오롱빌딩(830억 원)을 매입하고 론스타로부터 스타타워빌딩을 매입함으로써 강남과 강북의 대표적 고급빌딩을 보유하는 오피스빌딩 투자자로서는 대표적인 해외 투자기업이 되었다.

2005~2008년, 국내 기관투자자와 자산운용사의 오피스빌딩 매입

2002년에 접어들면서는 외국투자기업들의 움직임이 다소 주춤해진 반면 경기 회복세에 힘입은 국내 기업 및 기관투자자들이 대거 빌딩 매입에 나서는 시기였다. 2001년 '부동산 투자 회사법'과 2004년 '간접투자 자산운용업법'이 시행되고, 국내의 부동산 간접투자시대가 열리면서 부동산 펀드와 리츠, 국민연금 등의 기관투자자들까지 오피스빌딩 시장에 활발히 진출하며, 삼성생명, 코람코, 교보생명, 군인공제회 등의 국내 기관투자자와 ING(Rodamco), PPIM, DBRE, GERE, 맥쿼리뱅크 등이 대표적 외국계 투자자로 등장하게 된다.

이 시기에는 경기회복과 함께 자금사정이 개선된 금융기관 및 기업들과 부동산 간접투자를 통해 막대한 자금을 조달하게 된 국내의 자산운용사들이 본격적으로 빌딩 매입의 치열한 경쟁을 시작하게 된다. 역삼동 하이닉스빌딩과 서초동 미래산업빌딩 등을 국내기업과 금융기관이 사들였고, 칼라일, 론스타 등 외국계 단기 펀드들이 차익실현을 위해 내놓은 오피스빌딩에도 국내외 투자자들이 몰려들며 치열한 경합이 벌어지기도 했다.

국민연금은 강남구 테헤란로의 국민은행사옥과 데이콤 빌딩 등을 잇따라 매입했으며, 부동산 펀드인 '맵스프론티어 4, 5호 펀드' 역시 경쟁입찰을 통해 칼라일과 동원증권으로부터 미래와사람빌딩과 가락빌딩을 인수하게 된다.

2005년에는 IMF 금융위기 이후 부동산 경기가 최고조로 과열되는 가운데 강남 지역 빌딩 시장의 경우 중소법인의 사옥 매입이 늘고 부동산 펀드의 빌딩 투자가 급증하면서, 매수세는 늘고 투자할 만한 오피스빌딩 매물은 귀해지면서 수요 초과 현상이 일어나기도 했다. 또한 빌딩 전체가 아닌 일부 층을 매매하는 사례도 늘어나는 등 강남 지역의 빌딩 평균 매매가는 3.3㎡당 최초로 1,000만 원을 넘어서기도 했다.

이같은 오피스빌딩 투자 시장의 가격 상승세 영향과 함께 외국계 펀드들 역시 활발한 움직임을 보였는데, 초기 시장에서는 미국계 자본들이 대세를 형성했다면, 이 시기에는 유럽, 호주, 일본 등 보다 다양해진 외국계 자본들이 국내 빌딩 시장에 진출하게 된다. 그중에서도 도이체방크 계열 펀드인 데기(DEGI), 일본계 뉴시티코퍼레이션, 노무라, 싱가포르계 아센다스 등이 이 시기에 활발한 움직임을 보였고, 그 이후에도 외국계 투자자들의 대형 오피스 시장에 대한 투자는 꾸준히 지속되며,

이는 2008년 하반기 글로벌 금융위기 때까지 상승세가 지속하게 된다.

이 기간 동안, 한국의 부동산 펀드로는 맵스자산운용, 한국투자신탁운용, 마이다스에셋자산운용, 골드브릿지자산운용사가 꾸준히 오피스빌딩의 실물자산 투자를 계속하며, 은행권과 기관투자자, 증권사들의 주요 출자자로 구성된 리츠 역시 오피스빌딩 분야와 함께 상업시설부문의 투자도 활발하게 진행되는 시기였다.

2014년~최근, 안정된 수익률에 기반한 여전한 외국 투자자본

이 시기의 특징으로는 계속된 저금리 기조현상으로 기관투자자들이 마땅한 투자처가 없는 상황에서 대형 오피스빌딩 투자가 꾸준히 계속되는 추세였으며, 무디스 등 신용평가기관의 안정적 한국경제 상향평가 분위기와 오피스빌딩 임대료 상승에 따른 수익률 안정을 기반으로, 외국계 연기금과 국부펀드 투자자들의 오피스빌딩 매입 현상이 지속적으로 전개되는 시기였다.

2014~2018년 5년간 가장 큰 규모로 한국에 투자한 외국계 투자자는 세계 3대 사모펀드 운용사 중 한 곳인 미국계 사모펀드 KKR(콜버그 크래비스 로버츠)로, 2014년 서울 더케이트원타워빌딩 매입을 시작으로 총 3개의 부동산에 2조 6,080억 원을 투자했으며, 2017년에는 이지스자산운용, 국민연금 등과 함께 옛 '르네상스호텔 부지 재개발' 사업에

도 투자하게 되었다.

2조 5,090억 원을 투자한 중국 국부펀드 CIC(중국투자공사)와 캐나다계 사모펀드인 브룩필드는 IFC 오피스타워 3개동과 서울 콘래드호텔, IFC몰 인수에 투자자로 참여하면서 중국계 자본으로서는 처음으로 국내 프라임급 오피스를 보유하게 된다. 이외의 해외 투자자들로는 센트로폴리스빌딩을 매입한 영국 푸르덴셜생명 계열인 M&G리얼에스테이트(1조 7,470억 원), 도이체방크(1조 3,130억 원), GIC(1조 1,780억 원) 등이 투자 규모 최상위 그룹으로 이름을 올렸고, 미국의 AEW글로벌(7,850억 원), 캐나다연금투자위원회(7,690억 원), 싱가포르의 캐펠캐피털(7,310억 원), 미국의 모건스탠리(5,780억 원) 등이 투자 규모 10위권에 드는 해외 투자자들이었다.

2021년 현재도, 한국의 오피스빌딩 자산가치는 여전히 저평가되어 있다는 기조하에 부동산 시장에서의 오피스빌딩 투자 시장은 상승세의 기류가 지속되는 중이다.

한국 부동산 시장의 글로벌화 과정에서 금융 시장 개편과 함께 프로젝트 금융(PF), 부동산펀드(REF), 리츠, ABS(자산유동화증권), ABCP(자산담보부기업어음) 등을 비롯해 금융 시장의 체질개선, 간접투자 시장의 제도화, 선진화된 부동산 금융기법들이 시행, 확산되는 것은 무엇보다도 바람직한 변화였다. 또한 부동산 투자 및 부동산 가치평가 관점에서도 보다 객관화된 지표에 의한 투자 활동과 수익환원법(Income Approach)의 평가 방법 정착 등 투자의사결정 과정의 변화는 바람직한 현상이라고 할 수 있다.

한국 부동산 시장
글로벌화의 과제들

한국 부동산 시장이 개방되고 20여 년이 넘는 시간이 지나가는 동안 다양한 유형의 다국적 투자기업과 외국인 투자자들이 한국 시장에 진입해 여러 형태의 투자 상품에 다양한 투자 패턴과 투자기법을 선보이며 활동을 해왔으며, 이들 중에는 현재 지속적으로 투자 활동을 진행하는 경우도 있고 또 일정 기간 활동 후 한국 시장에서 철수한 경우도 있는 상황이다.

이러한 과정을 거치는 동안 한국 부동산 시장 자체도 대내외적으로 많이 성숙해졌으며, 글로벌 시장으로서의 표준화 과정으로 나아가고 있는 상황이다. 그럼에도 과연 외국투자자들이 인식하는 한국 부동산 투자 시장의 모습은 어떠한지, 또는 그들의 투자의사결정 과정에서의 프레임과 투자 패턴과 주요 키워드를 통해서 조명되는 한국 부동산 시장의 글로벌화 과제, 그리고 보다 더 경쟁력을 갖추기 위해 지향해야 할 것들은 어떤 것들이 있는지를 살펴보는 것은 의미가 있을 것이다.

다국적 글로벌 투자기업의
투자의사결정의 프레임과 주요 키워드

한국 진출을 고려하는 다국적 부동산 투자기업들과 대규모 부동산 개발사업의 투자를 고려하는 다국적 디벨로퍼들은 한국뿐만 아니라 해외 투자 경험이 많은 말 그대로 다국적 기업이며, 이들 기업들은 한국 및 동남아를 비롯 세계 전역에 걸쳐 투자 대상을 물색하고, 이들 투자 후보 국가 및 대상 프로젝트들을 객관적으로 평가해 최종 투자처를 결정해온 투자기업이다. 이들이 다양한 국가와 프로젝트들을 대상으로 비교우위를 판단하는 투자의사결정의 대전제는 다음과 같다.

- 최대의 수익률 추구(Financial Return Maximization)
- 위험의 최소한 및 안정적 사업운영(Risk Minimization)
- 사업실행의 용이성(Ease of Implementation)

최대의 수익률 추구

국내 사업에 투자할 가능성이 있는 다국적 투자기업, 부동산 디벨로퍼, 사업운영자들은 전반적으로 국제적 비교우위를 가지는 투자 여건과 최대의 수익률을 기대한다. 투자 유형 및 부동산의 유형에 따라 차이가 있겠지만 오피스 투자의 경우는 Project IRR(매입, 운영, 매각 등을 통한 수익률)은 ROI(총투자 수익률) 15%, ROE(자본금투자 수익률) 20%~25%, Yield(매입가격 대비 1년 순수익) 8~10% 가 일반적이며, 개발사업의 경우는 기대 수익률 최소 ROI 18~25%, ROE 25~30% 수준이다. 현재의 국가적 리스크를 감안해 그들의 기대 수익률은 여타 국가들에 비해 비교적 높은 편이며, 특히 개발사업의 경우는 개발에 대한 위험도 및 투자 기간의 장기화로 더 높은 기대 수익률을 요구하는 경우가 일반적인 경향이며, 개발사업의 경우 사업초기에는 인센티브의 조건, 장기적으로는 안정적인 수익에 비중을 두고 있다.

위험의 최소화 및 안정적 사업운영

한국 투자를 위해 시장조사를 해왔던 많은 외국기업들이 경험했던 어려움은 대부분 까다로운 법률규제와 폐쇄적인 투자 환경이었으며, 1998년 부동산 투자 시장을 개방하면서 정부가 규제·관리 중심의 체제를 지원·촉진 체계로 전환하며 외국인들의 국내 투자에 대한 이미지는 크게 호전되었다. 그럼에도 정부의 인허가 과정의 복잡성 및 모호함 등으로 인한 과도한 비용부담, 인허가 여부의 객관성 부족과 소요기간의 장기화로 인한 추가 비용부담 등은 개선해야 할 과제이다.

사업실행의 용이성

대부분의 외국 투자자들은 보편적으로 사업실행과 관련된 정부 및 지자체의 지원책을 보증받기를 원하는 경우가 많으며, 대규모 개발에서의 필수적인 도로, 교량건설 등 사회기반시설의 지원 여부와 사업실행의 지연으로 인한 공사기간의 연장 등에 따른 투자 비용 및 금융 비용의 부담 등의 위험을 최소화하기 위한 기본 전제조건이라 할 수 있을 것이다. 또한 환경 및 교통영향평가 등의 이슈 등에 대해서도 민감한 상황이며, 정부 및 지차체가 사업자에게 제공할 수 있는 인센티브를 타국가와 세밀하게 비교 분석해 공식적으로 RFI(Request for Information), RFP(Request for Proposal)를 통해서 지자체의 지원 제공 여부를 확인하기도 한다.

외국 투자 자본의 출구전략

외국투자기업의 투자의사결정 시 출구(Exit)전략은 프로젝트의 수익성 못지않게 중요하게 고려하는 요소이다. 투자자의 유형과 투자 상품의 유형에 따라 출구전략이 달라지며, 개발형, 분양형, 임대수익형 등 프로젝트와 투자 자산의 성격과 투자 자금 회수기간(Payback Period)의 차이에 따라 달라지기도 하고, 또한 출구전략의 방법에 따라 달라지기도 한다.

특히 개발형 프로젝트는 대규모의 투자 금액과 장기간의 투자 기간에 비해 원금회수기간이 길기 때문에 출구전략 용이성 여부에 따라 투자의사결정에 치명적인 문제가 발생할 수도 있다.

출구전략은 프로젝트를 또 다른 외국투자기업에 매각하는 경우, 국내 법인에 지분을 매각하는 경우, 거래소에 상장하는 경우, 리츠를 통한 매각 여부 등의 방법에 따라 다르며, 현행 법률과 세제 관련 법률 등에 따라 달라질 수도 있을 것이다.

특히, 사업대상지의 FIZ(외국인 투자 지역)의 지정여부에 따라 '외국인투자촉진법' 및 '과세특례제한법'에 따른 세제혜택 여부와 면세혜택 조건 등에 따른 출구전략 수립 시의 대안도 고려될 수 있을 것이다.

외국투자 자본이 국내에 유입된 이래 지금까지의 투자 자산 유형별 Exit 결과로 본다면, 오피스 건물 매입, NPL 투자 등이 일정 기간 운영 후 가장 빠르게 국내외의 투자자 또는 펀드 등에 매각을 통해 Exit한 경우가 될 것이다.

다국적 투자기업이 느끼는
투자 대상국 한국과 한국의 투자 환경

한국 부동산 시장에 진출하기를 원하거나 꽤 오랜 기간 투자 활동을 직접 해온 외국투자기업이 느끼는 투자 대상국 한국의 실체와 그 단면은 과연 어떤 것일까?

그동안 부동산 시장 개방 초기 단계부터 최근까지 한국의 다양한 산업분야에 진출을 모색했거나 진출 후 일정 기간 활동한 투자기업들을 대상으로 실시해왔던 관련기관의 설문조사와 인터뷰의 결과를 통해 한국 투자 동기와 결정요인, 투자 환경 평가와 인식 등의 한국 투자 환경의 변화 과정과 현주소를 파악하는 것은 의미 있는 작업일 것이다. 또한, 부동산 투자 시장으로서의 과제 분석과 함께 경쟁력 있는 글로벌 투자 시장으로 향하는 이정표가 될 수 있을 것이다.

조사기관 및 조사시점

- KOTRA, 다국적 기업 지역본부 결정요인 조사분석, 2002년
- 서울시, 다국적 기업 대상 투자 환경 설문조사, 2002년
- Invest KOREA, 외국인투자기업 투자 환경 애로사항 인터뷰, 2013
- 대한 상공회의소, 한국 투자 환경에 대한 인식조사, 2014년
- Invest KOREA, 아시아 내 주요 경쟁국의 투자 환경, 2009~2016년, 격년 단위 조사

한국 투자 환경에 대한 인식

한국에 진출한 외국투자기업의 투자 환경에 대한 인식은 정권이 바뀔 때마다 정책기조가 변화하는 정책 일관성의 부족과 경제변수 변동성 등이 국내 투자 환경이 열악하다고 평가하는 가장 큰 이유였다. 한국 시장 진출 후 3년 동안의 투자 매력도 변화와 관련해서는 '비슷하다'(47.3%)는 반응이 가장 우세했으나, '증가했다'(19.8%)는 긍정적 반응과 '매력도가 떨어졌다'(32.9%)는 부정적인 반응이 있었으며, 그 이유는

다음과 같았다.

- 정책 일관성 부족 32.5%
- 경제 변수의 변동성 27%
- 규제 수준 과도 23.4%
- 노사 갈등과 반기업 정서 10.3%
- 교육 등 사회인프라 부족 6.3%

한국 투자의 긍정적 이유와 부정적 이유

투자 환경을 긍정적으로 평가한 기업들은 산업경쟁력과 우수한 인력 등이 한국에 투자하는 가장 큰 긍정적 이유였으며, 반면 한국 투자의 부정적 이유로는 과도한 규제와 과도한 세금이 가장 컸다.

한국 투자의 긍정적 이유

- 우수한 인적 자원 48%
- 뛰어난 정보기술(IT)인프라 38%
- 지리적 이점 22%
- 한국 내수 시장 점유율 확대 17%
- 한국의 우수기업과 연계 15%
- 한국 정부의 다양한 지원 6%

한국 투자의 부정적 이유

- 과도한 규제 50%
- 과도한 세금 43%
- 강경한 노조 8%

- 언어장벽 8%
- 북한과의 대치 상황 3%
- 고비용 저생산성 2%

향후 투자감소 전망 시의 원인
- 경기회복 불확실(42.4%)
- 규제도입 및 투자 환경 악화'(37.3%)
- 한국 내수 시장 수요 감소(16.9%)

외국투자기업의 한국 투자 동기

외국투자기업의 한국 투자 동기의 가장 큰 이유로는 한국 시장의 매력도와 투자 수익 창출의 긍정적 평가가 가장 큰 이유였다. 또한 한국의 지리적 위치와 아시아 내 타 시장 접근의 용이성이 평가받았다. 또한 일본은 좋은 기술력을 가지고 있으나, 높은 비용이 장애물이고, 중국은 비교적 낮은 임금과 낮은 원자재비의 장점은 있으나, 품질의 비신뢰성과 지적재산권 비보호의 단점이 있는 반면, 한국은 적당한 임금 수준, 높은 기술력, 성실한 노동력 등이 강점으로 꼽혔다.

더불어 한국인의 소비력은 매우 매력적이고, 공항, 항만 등이 발달해 접근성이 양호하며, 큰 시장인 중국과 가까우며, 안정성 있는 시장 구조와 정책, 법 구조를 갖고 있다.

외국투자기업의 한국 투자 환경 평가

외국투자기업들의 한국 투자 환경에 대한 평가는 비교적 긍정적인 편이었으며, 한국 경제가 과거 대비 폭발적 상승 추세는 아니나, 앞으로도 충분히 가능성은 있다는 전망이 우세했으며, 자국과의 문화적 차이, 북한과 같은 외부적 요소, 정부의 규제와 정책 등은 개선이 필요하다는 의견이 많았다. 정부의 인센티브, 지원 절차는 긍정적이고, 고학력, 고기술력 등 양질의 인력 수급이 가능하다. 반면 한국 투자 환경의 다변성, 법적·정책적 비일관성 문제는 우려 요소이며, 강성노조 등 노동 유연성의 부족은 큰 부담감으로 작용한다.

북한 등 불안정한 외부요소 문제는 불안감을 조성하고, 외국인 자녀의 교육환경과 생활환경, 비자문제로 본국 인력영입에 불편하며, 한국 기업의 군대식 문화, 뇌물 등 문화적 차이의 혼란스러움은 부정적으로 작용하고 있다.

정부 투자지원 정책 평가

외국투자기업이 느끼는 한국 투자 환경의 만족도는 대체로 높은 편이었으며, 정부 투자지원 서비스의 경우 문제발생 시 적극적으로 해결하는 태도는 만족하고 있으나, 잦은 법 개정, 복잡한 행정절차 등 변수가 많은 부분에 대해서는 긍정적이지 않았다.

외국투자기업들의 만족도는 대체로 높은 편이고, 한국 정부의 적극적, 협조적 투자 유치 행태는 매우 만족하는 것으로 나타났다. 한국정부가 제공하는 인센티브는 비교적 다양하고 현실적이지만, 잦은 법 개정과 복잡한 행정절차, 다양한 컨택포인트의 과정, 많은 변수는 부정적으로 평가했다.

한국의 외자유치 실적이 경쟁국 대비 부진한 이유

외국인 투자자들의 한국경제에 대한 평가는 비교적 긍정적이나 구체적인 한국 내 직접투자에 대한 의지 및 계획에 있어서는 상대적으로 소극적인 것으로 평가되며, 비즈니스 환경 측면에서 한국의 외자유치 실적이 저조한 이유로는 일본 및 중국에 비해 내수 시장 규모가 협소하고, 홍콩이나 싱가포르에 비해 삶의 질, 국제화 수준, 영어 활용도가 저하되어 있으며, 불안정한 노사관계, 기업 및 경제운영상의 투명성 부족 및 제도적 비제도적 차별 등을 꼽았다.

향후의 투자 가능성 및 투자 확대 계획에 대해서는 대부분 기업의 반응이 구체적이거나 명확한 것은 아니었으며, 한국 및 한국 시장의 가능성은 긍정적으로 평가하고 있으며, 현 투자의 유지는 긍정적이나 투자 확대 계획에 대해서는 보다 더 신중하게 고려해보겠다는 입장이었다.

한국 부동산
시장의 특성,
그 몇 가지

한국 부동산 시장에는 이미 우리에게 익숙해져 있고 우리 사회에서 굳어져 있을 뿐만 아니라 습관적으로 당연시해온, 부동산 시장의 양식과도 같은 고유의 부동산 시스템 몇 가지가 있다.

또한 관습이나 반드시 지켜야 하는 규범과도 같은 이 시스템들이 부동산 시장에서 굳건한 자리를 차지하게 되고 그동안 진화까지 거듭함으로써, 그것이 때로는 긍정적으로 또 때로는 왜곡된 형태로 얼마나 영향을 미치고 있는지 인식조차 하지 못한다.

한국의 부동산 시장은 그동안 지극히 폐쇄적으로 운영되어왔으나, 1997년 말 IMF 금융위기 이후 외국자본이 적극적으로 유입됨과 동시에 침체된 부동산 경기 활성화를 위해 굳게 닫혀 있던 부동산 시장을 대외적으로 개방하게 된다. 그 당시 다국적 투자기업들은 한국에 처음 진출해 당연히 생소한 한국의 부동산 시장과 동향, 부동산 관련 제도, 투자 정보와 매물 정보 등, 다양한 지식과 정보들을 알기 위해 부단한 노력들을 시작했다. 필자는 그 시절 이들과의 수차례 업무미팅을 진행하면서, 가장 많은 시간과 에너지가 필요했던 한국 고유의 부동산 특성이 있어 이들을 열거해보면 다음과 같다.

- 전세 제도(Jeonse System)
- 선분양 제도(Pre-Sale System)
- 지가상승률과 높은 토지가(High Land Cost&Increase Rate)
- 부동산 가치평가의 수익환원방식(Income Approach Valuation)
- 그린벨트(Green Belt)

우리에게는 부동산과 관련된 용어들로 너무도 익숙하고 친숙하며, 이미 체화(體化)되어 있는 부동산 시장에서의 전세, 분양가 등의 용어들도 외국 투자자들에게는 반나절 이상의 설명과 자료가 필요한 난이도 높은 아이템들이었다. 또한 이들 제도 하나하나와 그것이 영향을 미치는 시장 상황은 그들의 입장에서는 몹시도 당황스럽고 이해하기 어려운 난제들이었다.

이 독특한 부동산 제도와 시스템들은 한국 부동산의 특성이기도 하고 우리에게는 이미 익숙하고 더 이상의 설명이 필요치 않은 것들이다. 하지만 외부에서 바라본 생소한 시각과 외국 투자자들의 객관적 시각으로 파악하는 한국 부동산 시장의 특수성과 시장 메커니즘을 재정의(再定義)함으로써, 보다 포괄적이고 개연성 있게 우리 부동산 시장을 다시 인식하고 부동산 투자 고려 시에도 개별 투자 상품의 속성, 시장에서의 시스템적 상관관계를 새롭게 이해할 수 있다는 것은 의미 있는 과정이 될 수 있을 것이다.

전세(Jeonse System) 제도

'전세 제도(Jeonse System)'는 일정 금액의 일시불 형태 보증금을 지불하고 그 외의 임대료 없이 일정 계약기간 동안 건물의 대차(貸借) 형태로 사용하는 방식을 말한다. 이는 매달 임대료를 당연히 지불하는 월세가 보편화되어 있는 외국에서는 쉽게 찾아볼 수 없는 우리나라의 독특한 제도이며, 전세라는 용어 자체도 재벌(Chaebol) 등의 경우와 같이 영어표기법 그 자체가 'Jeonse'로 표현되고 있다. 일부 국가에서도 전세 개념이 존재하기는 하나, 극히 소수에 불과하며 그 시장에서의 보편적인 계약형태도 아닌 점을 감안한다면 일반적인 계약형태로 광범위하게 출현하는 나라는 오직 한국뿐이라 할 수 있다.

전세라는 제도를 수요자와 소유자 관계에서 살펴보면, 이들의 관계는 '전세금을 지급하고 타인의 부동산을 용도에 따라 사용·수익하는 관계'로 설명할 수 있을 것이다. 일반적 주택 시장에서 수요자는 주택소유자에게 무이자로 목돈을 전세금이라는 이름으로 일정 계약기간 동안 빌려줌으로써 집주인에게 매달 월세를 내야 할 의무를 면제받고, 집주인은 수요자에게 매달의 임대료를 받지는 못하지만 부동산을 대가로 무이자로 목돈을 마련할 수 있는 상호간의 편의성(便宜性)이라는 제도의 속성을 갖고 있다.

수요자인 세입자(임차인) 입장에서는, 전세금이라는 목돈이 향후의 주택구입을 위한 지렛대로 작용하기도 하며, 비록 전세보증금을 목돈으로 지불은 하지만 주택을 구입하는 경우에 비해 적은 비용으로 양질의 주거 환경에서 거주할 수도 있고, 월세에 비해서는 저렴한 임대차 형태의 기능을 하는 측면이 있다.

이처럼 전세 제도는 집주인과 세입자의 이해관계가 형성되면서 우리나라에서 보편적인 임대차 제도로 정착될 수 있었다. 이러한 전세는 기본적으로 부동산 가격이 계속 오른다는 가정하에 성립될 수 있으며, 금융권 대출이 어려운 상황에서 유지될 수 있는 특수한 거래 형태이기도 하다. 이처럼 당사자간 계약을 통해 부동산을 담보로 현금을 조달하는 대출의 형태를 띠기도 하고, 집주인은 전세보증금 형태의 현금을 일시에 조달하는 대가로 주택의 월세만큼의 이자를 세입자에게 지불하고 있는 것으로 달리 표현할 수도 있다.

한국에서 본격적으로 전세 제도가 확산된 것은 1970년대 이후이며, 전세가 제도적으로 발달하게 된 배경에는 당시의 취약한 제도권 금융구조로 인해 사적 임대차 형태인 전세가 하나의 제도로 정착된 것으로 볼 수 있다. 부동산 시장에서의 전월세간 전환비율은 지역마다 다소 차이는 있지만, 현재 약 연 6% 전후이며, 이는 세입자가 집주인에게 연

6% 이율로 돈을 빌려주고 월세 지불 없이 전세만으로 거주하는 것과 마찬가지인 셈이 된다.

고도성장기 시절에는 주택구매 수요는 많았지만 대출금리가 높을 뿐만 아니라 주택금융의 미비로 대출 자체가 어려웠던 시절이기도 했고, 당시는 일반인들이 제도권 은행에서 목돈 대출을 받기가 불가능하거나 매우 힘들었으며, 집을 가진 임대인도 임차인으로부터 받는 매달의 월세 형태로는 목돈 확보 자체가 한계가 있던 시절이기도 했었다. 그러다 보니 집주인들은 주택구입 과정에서 모자란 자금 부족분을 조달하기 위해 본인 소유의 주택을 전세의 형태로 임대하는 관습이 생겨났으며, 전세보증금 자체가 이자를 지불하지 않는 은행대출의 창구역할을 하게 되는 상황이 된 것이다.

고도성장기의 한국에서는 전세보증금 형태의 목돈을 은행에 입금할 경우 은행이자가 약 10% 이상 붙었던 시절이었다. 심지어 IMF 이전에는 은행이자는 별도의 세금도 없었다. 세입자들도 번거롭게 월세를 지불하기보다는 목돈을 맡기고 전세로 임차해 사는 게 더 편리할 수도 있었을 것이다. 이처럼 전세는 정부에서 정책적으로 도입한 제도가 아니라, 집주인과 세입자간 서로의 이해관계가 맞춰지면서 자생적으로 발생된 '사적 금융 제도'의 형태로 변하게 된 것이다. 그렇다면, 현재와 같이 주택금융이 발달한 지금에도 전세 제도가 유지되고 있는 이유는 과연 어떻게 설명할 수 있을까?

자기자본이 부족한 임대인이 임대사업을 하기 위해서는 주택담보대출을 받아서 주택을 구입하고 월세를 내어주는 방법과, 전세보증금을 통해 자금을 조달하는 방법이 있을 것이다. 어느 쪽이 주택소유자에게 유리한지 시뮬레이션을 해보자면, 주택소유자의 투자액이 '매매가-전세가'만큼 현금을 투자한다고 가정할 경우 전세를 내주었을 경우 월 수익은 0원이다. 한편, 전세가액만큼 대출을 받아서 월세로 임차해줄 경우 집주인의 수익은 '월세-대출이자'가 되나, 시장에서의 전월세 전환율 6% 전후를 감안한다면, 대출금리 수준을 2~3%로 적용할 때 집주인은 매년 전세가액의 3~4%만큼 수익을 거둘 수 있게 되는 구조가 된다. 즉, 주택소유자 입장에서는 전세를 내주게 되면 월세를 내주었을 때 얻을 수 있는 기대수익을 얻지 못하게 되는 것이다.

그럼에도 주택소유자의 입장에서 전세를 선호하게 되는 이유는 현재의 주택담보대출과 관련이 있으며, 다시 말해 선진국 대비 과도한 주택담보대출 규제와 LTV(Loan to Value) 규제를 통해 대출 한도(수도권 지역 1주택자의 대출 한도 40% 이하)가 제한되어 있어, 일반 금융 시장에서 주택 매입 자금을 조달하는 것이 용이하지 않은 상황이 가장 큰 이유가 될 것이다.

월세 임대료 수준을 살펴보자면, 서울의 경우 비슷한 수준의 인구밀도를 가진 도시들 중에서 서울보다 월 임대료가 낮은 국가는 매우 드문 상황이다. 만약 전세 제도 형태가 사라진다는 것을 가정한다면, 월세 매물간의 경쟁 발생 상황을 전제할 때, 지금의 저렴한 대체재인 전세와 경쟁하는 상황보다는 훨씬 가격이 높아질 수밖에 없게 될 것이며, 주택 보급률 100%를 초과하고 있고 미분양 아파트가 다량 존재하는 상황에서도 임대료는 계속해서 상승하는 현실을 간과하기는 어려울 수 있을 것이다.

최근까지도 '전세 끼고 아파트 매입'이라는 시세차익 주 목적의 이른바 '갭 투자' 형태의 주택 투자 방법이 부동산 시장에서 꽤 오랜 기간 동안 성행해왔고, 전세세입자 보호목적의 '임대차 3법'인 '전월세 신고제', '전월세 상한제', '계약갱신 청구권제'가 시행되는 현상은 말 그대로 우리 사회에서 얼마나 전세 제도가 뿌리깊게 자리 잡고 있는 지를 보여주는 단면들이라고 할 수 있을 것이다.

이렇듯 주택 실수요자와 주택 소유자 그리고 투자자 측면 모두에게 때로는 긍정적으로, 또 때로는 주택 가격 상승요인의 부정적 측면까지 내재되어 있는 이 오래된 관습과 같은 '전세 제도'는 해외에서는 보기 드문, 지극히 독특한 한국 주택시장만의 현상이라고 할 수 있을 것이다.

02
선분양(Pre-Sale System) 제도

'선분양 제도(Pre-Sale System)'는 주택공급 사업주체가 주택이 건설되는 대지의 소유권을 확보하고, 대한주택보증주식회사로부터 분양보증을 받으면 착공과 동시에 입주자의 모집과 일정 부분의 선분양대금을 수취할 수 있는 방식이다. 사업주체의 대다수인 건설사는 금융 비용 절감을 통해 주택건설자금 확보를 용이하게 하고, 이를 통해 활발한 주택공급을 할 수 있게 하는 방식으로 우리나라의 아파트 주택공급 및 분양 시장에서 보편적으로 통용되고 있는 제도이다.

이러한 선분양 제도는 1980년대 중반 당시 재정 부족의 정부가 안정적으로 대량의 주택을 공급하기 위해 도입하기 시작한 제도로, 시행사가 아파트 부지를 구입하고 본격적 공사에 들어가기 전 모델하우스를 만들어 미래의 입주민들에게 분양을 하고, 수분양자인 입주예정자는 2~3년에 걸쳐 공정률에 따라 계약금과 중도금을 지급하며 공사를 완료하는 시스템으로 종종 이 선분양 제도가 집값을 상승시키는 하나의 큰 요인으로 주목받기도 한다.

선분양 대금은 통상적으로 입주자로부터 청약금(10%), 계약금(10%), 중도금(60%) 및 잔금(20%) 형태로 지급받게 되며, 이의 단점은 완성된 주택이 아닌 모델하우스만을 보고 사전에 구입한다는 점이다. 이로 인해 실제 완공된 주택과의 괴리가 발생할 수도 있고, 사업기간 동안 건설회사의 도산이나 부도 발생 시에는 입주자가 위험에 노출될 가능성이 높다는 문제점도 있다. 이런 선분양시스템은 대만, 홍콩, 일본에서는 주거용 부동산에 대해 일부 시행되고 있고, 미국과 유럽, 일본에서는 오피스빌딩, 리조트 개발사업 등의 상업용 부동산 개발사업에서 시행되고 있기는 하지만, 한국의 경우처럼 정책적으로 민간주택 시장까지 대대적이고 획일적으로 시행되는 경우는 드문 상황이다.

선분양사업들은 공통적으로 프로젝트 파이낸싱(PF) 규모가 크고 건설사들의 자금조달이 자체적으로나 리츠 등을 통해 조달하기 어려운 사업들인 경우로, 주거용 부동산의 단지규모가 크고 프로젝트 파이낸싱 규모가 수천억 원 단위 이상인 경우가 많기 때문에 발생하게 되었고, 또한 지금의 일반화된 방식으로 정착하게 되었다.

이러한 우리나라의 '선분양 제도'는 경제성장률이 10%를 넘나드는 시기에 시작되었으며, 1980년대 후반 소비자 물가상승률이 한 해에만 7~8% 수준이었던 점을 감안하면, 그 당시 아파트 완공 전인 약 3년 전에 분양을 받는다면 수분양자 관점에서는 입주시점의 물가상승률 감안 20% 이상의 차익을 실현할 수 있는 이점도 있었다. 즉, 소비자도 선분양 시스템의 이익을 볼 수 있었으며, 자금여력이 충분치 않은 건설사도 혜택을 볼 수 있는 구조로, 궁극적으로 경제성장률이 높던 시기에 정부, 기업, 소비자 모두에게 필요한 제도였고, 굴곡은 있었지만 이런 이유를 인해 대규모 아파트 공급과 신도시 건설 등에서 선분양 제도는 30년 넘게 실행되고 정착도 될 수 있었던 상황이었다.

그렇다면 연간 경제성장률 2~3%대에 머무는 현재의 상황에서는 '선분양 제도'가 더 이상 수분양자에게 차익실현을 보장할 수 있는 상황은 아니게 되었으며, 2008년 '리먼 사태'와 같은 상황이 발생한다면 완공 후의 분양가와 대비해 더 높은 매매가로 매입하게 되는 상황이 발생할 수도 있을 것이다. 만약 '후분양제'로 전환된다면 과연 어떻게 될까?

2007년 정부는 선분양의 문제점을 인식하고 공공부문부터 후분양제를 의무화할 예정이었으나 세계적 금융위기로 연기하게 되었고, 결국 후분양제로의 전환은 2008년 정부가 바뀌면서 폐기되었으며, 2021년에 이르러 또 한 번 뛰는 집값을 잡기 위해 후분양제의 도입을 다시 검토하고 있는 상황이다.

후분양제의 시행은 주택공급량을 위축시킬 가능성이 있으며, 수요는 일정한데 공급이 줄면 단기적으로는 주택 가격의 상승은 불가피한 측면도 존재한다. 또한 프로젝트 파이낸싱이나 부동산 펀드, 리츠 등 국내의 부동산 금융이 취약하고 건설사들도 대규모 아파트 건설자금을 자체적으로 조달할 수 있는 능력이 충분치 않아 금융부담이 커질 수밖에 없다면, 과연 후분양 제도를 감당할 수 있을지도 여전히 의문이다.

선분양 제도는 이렇듯 한국의 주택공급 시장에서 그동안 대규모 주택공급이 필요한 시절의 순기능을 담당하면서 정착되게 되었고, 대규모 주택공급이 필요한 시점에서 이 제도의 장점을 도외시한 정부정책 변화는 당분간은 쉽지 않을 전망이기는 하다. 하지만, 주택공급률의 상승, 주택 가격 상승요인, 미분양발생지역의 증가, 소비자 선호도 등을 감안한다면 궁극적, 점진적으로는 변화가 필요할 것이며, 머지않은 미래에 또 다시 고민하고 검토해야 하는 이슈로 등장할 가능성이 있는 방식이라는 점은 분명해 보인다.

높은 토지가와 지가상승률
(High Land Cost&Increase Rate)

본격적으로 서울 영동개발이 이루어지면서 '땅 투기' 문화가 시작되던 시절, 지금의 양재역 부근에 위치한 말죽거리 주변에는 '복덕방'들이 하나둘 모여 자리를 잡기 시작했고, 이곳에서 땅을 사면 떼부자가 된다는 소문을 듣고 흔히 말하는 '복부인'들이 모여들기 시작했다.

실제로 강남의 땅값은 1960년대 그 시절에는 평당 300~500원이 채 되지 않는 수준이었다. 그리고는 1970년대 경부고속도로, 한강대교 건설이 진행되며 평당 5~6,000원으로 약 10배가 올랐고, 영동개발 이후 아파트 지구가 생겨날 당시에는 땅값이 평당 평균 4, 50만 원에 달하는 기록적 폭등상황이 발생했다. 약 10년 사이 땅값이 천 배가 올랐으니, 바로 이것을 '말죽거리 신화'라고도 한다.

그 이후에도 지가상승률은 여전히 가파른 상승곡선을 기록했으며, 현시점에서도 물가상승률 수준을 훨씬 넘는 최소 5% 수준 그 이상을 지속적으로 기록하고 있는 상황이다.

한국진출을 고려하던 다국적 부동산 디벨로퍼에게 한국의 높은 지가 수준은 지금도 마찬가지이지만 시장 개방 초기에는 더욱 경이롭고, 쉽게 이해하지 못하던 하나의 커다란 진입 장벽과도 같은 것이었다.

당연한 이야기이지만 부동산 개발사업을 하는 기업의 입장에서 가장 중요한 의사결정 포인트는 개발프로젝트의 사업성이다. 주택사업, 상업시설, 산업단지 조성사업 등 수익형과 분양형 부동산 사업에서 사업성을 확보하기 위한 대전제는 무엇보다 경쟁력 있는 분양가격 상황에서 토지 비용과 공사 비용의 하드코스트(Hard Cost) 비용을 최소화하는 것이며, 프로젝트의 수익성에 가장 큰 영향을 미치는 것은 지상 연면적 당 토지 비용이며, 이는 사업의 리스크를 좌우하는 가장 큰 요소라 할 수 있다.

외국의 경우 부동산 개발사업의 토지 비용은 총 공사비의 10~15% 수준이 일반적인데 비해, 한국의 경우 토지 비용 20~25%는 일반적인 상황이며, 경우에 따라서는 30~50%에 달하는 도심지 개발사업 프로젝트도 상당수이다.

과히 한국에서의 개발사업에서 높은 토지 비용은 그 첫 번째 핵심과제라고 할 수 있으며, 이를 또 어떻게 사업적으로 원활히 소화하고 사업의 전체 단계에 걸쳐 분산시킬 수 있는가 하는 것이 부동산 사업의 승패를 좌우한다고도 할 수 있다. 상업시설 및 리테일 개발프로젝트의 경우, 사업의 경상이익률 기준을 10~15% 내외로 한다면, 적정 분양가 산정의 기본이 되고, 이를 바탕으로 경쟁력 있는 초기 분양률을 달성할 수 있는 그 근간이 되는 토지 비용 수준은 총 사업비의 25~30% 수준 정도로 예측 가능하다. 그 이상의 토지 비용은 높은 분양가 형성의 일차적 원인이 되고, 또한 이를 취득하는 상가 수분양자로의 전가는 불가피할 것이며, 이는 또한 상가를 임차해 영업을 하는 임차인의 높은 임대료로 고스란히 귀결될 수밖에 없을 것이다.

토지가는 그 토지의 경제적 이익의 장래예측에 의해 변동하며, 그 때문에 토지는 투자나 투기의 대상이 되기도 한다. 이 경우 지가는 이미 토지이용에서 얻어지는 수익으로 환원되는 원가로서의 성격에서 탈피하게 되는 또 다른 부동산적 속성을 지닐 수밖에 없게 된다.

이처럼 세계적으로도 유래가 드문 우리나라 주요도시 대부분의 높은 토지 가격과 가파른 지가상승률은 그 도시의 일반 및 중심상업지구의 상가 분양가에 직접적인 영향을 미치게 되며, 이로 인해 파급 재분배되는 높은 임대료 수준으로 직결되며, 이는 임차 자영업자의 높은 파산율로도 귀결되는 연쇄적 효과의 그 일차적 원인이 된다고 해도 과언이 아닐 것이다.

04

부동산 가치평가의 수익방식
(Income Approach Method)

그동안 한국의 부동산 시장은 땅이든 집이든 사두기만 하면 오르는 시대를 경험하면서, 익숙하지도 않았고 잘 적용되지도 않았으며 진화할 필요도 없었던 것 중 하나가 가치평가 방식 중 '수익환원법(Income Approach Method)'이다.

1997년 말 대한민국을 강타한 IMF 외환위기로 기아자동차, 진로그룹, 한보그룹 등 대기업의 부도에 이은 중소기업들의 도산이 이어지면서 한국의 경제는 늪으로 빠지게 되고, 부동산 가격 대폭락과 함께 40여 개의 금융기관들이 사라지게 되는 사상초유의 경험을 하게 된다.

대기업의 구조조정, 중소기업의 파산으로 많은 국민들이 실업자가 되는 상황이 되고, 부동산을 담보로 금융기관의 대출금을 활용해 경영하던 기업들의 부도와 함께 기업 및 개인에게 대출을 제공하던 금융기관의 부실채권이 크게 늘어나게 되며, 더 이상 국내에서 처리 불가능한 방대한 부실채권을 매각하는 일환으로 한국자산관리공사(KAMCO)는 외국의 투자회사를 대상으로 국제입찰을 하게 되는 결과를 초래하게 된다.

부동산 시장이 개방되면서 많은 다국적 투자자들이 한국의 부동산 시장에 진출하면서 초기 시장에서 가장 매력적으로 관심을 두며 투자 여부를 진단했던 부동산 투자 상품의 그 첫 번째 시장이 부실채권의 담보 부동산(NPL)이었다.

국제입찰 시장에 나온 대규모 부동산 물건들의 투자 정보와 함께 이들을 평가하고 투자 가치를 셈하는 과정을 경험하면서, 그동안의 한국식 감정평가 방식에 일대 혼란을 겪게 되는 상황이 벌어지게 된다.

한국의 유수한 감정평가법인들도 그동안은 그다지 필요치도 않았고 익숙하지도 않았던 외국 투자자들의 철저하고도 일관된 수익 위주의 감정평가 방식을 따를 수밖에 없었고, 그들의 가치평가(Valuation) 논리와 방법(Methodology)을 처음으로 경험하게 되는 시기이기도 했다.

예를 들자면, 재가동 불가능한 공장의 자산가치는 공장용지 토지 가격으로만 산정하게 되고, 개발제한구역 소재의 100만 평의 개인이나 기업 보유 자산가격은 '가격 0'으로 산정되는 등의 방식이었던 것이다. 그 결과 제1차 NPL 국제입찰 결과 낙찰 받은 외국계 투자사의 입찰 금액은 한국 방식의 감정평가금액 대비 4분의 1(25%)에도 못 미치는 수준이었다.

국제적으로도 통용되는 부동산의 평가 및 감정 방식에는 다음과 같은 세 가지 방식이 있으며 간단히 소개하자면 다음과 같다.

원가방식(Cost Approach)

평가 대상 물건을 취득원가에 기초해 어느 정도의 비용(원가)을 들여야 하는지를 감안해 판단하는 방식으로, 부동산의 경우 토지 가격에 건축물에 대한 노후화 정도를 감가상각해 합산하는 방식이다.

비교방식(Market Comparison Approach)

평가 대상 물건과 가치형성요인이 같거나 비슷한 물건의 거래사례와 비교해 대상 물건의 현황에 맞게 사정보정, 시점수정, 가치형성요인 비교 등의 과정을 거쳐 대상 물건의 가액을 산정하는 방법이다. 해당 부동산 가격을 시장성에 기반을 두고 유사한 거래사례(시세)와 임대차 사례를 비교하는 관점에서 가격을 산출하는 방법이며, 이 경우 거래사례가 없는 불완전한 시장의 경우 적정성을 보장하거나 분석하기에 어려움이 있는 방식이다.

수익방식(Income Approach)

평가 대상 물건이 향후 일정 기간 동안 얼마만큼의 수익을 달성할 수 있을 것인지의 관점으로 평가하는 방식으로, 장래 특정 시점에서 기대되는 순수익 또는 미래의 현금흐름을 환원하거나 할인해 대상 물건의 가액을 선정하는 방법이다. '소득접근법'이라고도 하는 이 방식은 미래의 현금흐름을 적당한 할인율로 할인하는 '할인현금수지분석법'이 일반적 방법이며, 평가자의 주관이 개입될 여지가 적은 반면, 수익의 발생이 없거나 파악이 곤란한 교육용, 주거용과 같은 경우에는 이용이 불가능한 방식이기도 하다.

한국인의 보유 자산 중 70%가 부동산 자산이라고 한다. 소유한 부동산의 대다수인 아파트와 땅은 여전히 가격 상승 추세이다. 하지만 앞으로의 부동산 시장환경이 늘 지금과 같을 수만은 없으며, 투자 시장 역시 가치상승 일변도의 투자 시장만을 경험할 수도 없는 일이다. 투자 리스크를 최소화하기 위해서는 보다 더 다양한 각도의 접근방식과 객관적 가치평가를 통해 '시세차익 위주의 투자 가치' 기준에서, '현재가치(As-is-Value)'에 앞선 '최유효 활용의 미래가치(Future Value)'에 보다 더 역점을 둘 수 있는 투자 방식의 습관화가 필요할 것이다.

05

그린벨트(Green Belt)

'그린벨트(Green Belt, 개발제한구역)'는 말 그대로 '녹색의 띠'로 상징되 듯이 도시의 무질서한 확산방지, 자연환경과 생태계의 보호, 도시민의 건전한 생활환경 확보, 국가보안, 도시의 정체성과 성장관리를 위한 기 준으로 그 대상을 정해 시행되도록 명시되어 있는 제도이다.

1971년 7월, '서울시청을 중심으로 반경 15km 지점의 해발고도 100m인 토지'를 기준 삼아 폭 2~10km의 서울·경기 땅 454.2㎢가 그 린벨트로 최초 지정되었다. 1972년 8월에 그 규모가 2배로 확대되어 반 지름 30km 이내의 6개 위성도시 68.6㎢ 지역이 지정되었고, 1977년 까지 8차례에 걸쳐 전국 주요도시 외곽지역에 설치되어 전 국토면적의 5.45%에 달하는 규모의 녹지대가 형성되기에 이르렀고, 그동안 수많은 민원과 우여곡절을 겪으면서도 1997년 7월까지 한국의 개발제한구역 제도는 단 한 번의 구역변경 없이 원안대로 유지되어왔다.

그린벨트 제도라는 개념을 최초로 도입한 영국은 전체 면적의 13%

를 차지하는 1만 6,347㎢가 그린벨트로 지정돼 있으며, 독일, 프랑스, 캐나다 등의 국가에서도 시행되고 있다. 이들 나라들의 공통된 특징은 단순한 녹지보전에 그치는 소극적인 규제 위주의 제도가 아닌 시민들의 여가를 위한 공공시설의 건립과 도시민의 생활공간이자 놀이, 스포츠, 여가의 장으로서 기능을 적극적으로 수행하고 있는 상황이다.

운영에 있어서도 이해당사자들의 합의에 바탕을 둔 관리를 우선시하고 있으며, 토지이용의 법적 규제수단은 적용되지 않거나 최소화하는 등, 한국의 개발제한구역처럼 폐쇄적이거나 제한적인 규제 방식과는 접근법이 다르게 운영되어오고 있다.

이러한 그린벨트는 노태우 정부시절에 1기 신도시 건설로 수도권 그린벨트의 일부가 해제되기도 했고, 1997년 김대중 대통령의 그린벨트 해제 공약 이후 7개 중소도시권에 설정되었던 개발제한구역은 전면해제되고, 7개 광역도시권은 부분 해제했으며, 해제된 지역은 보금자리주택 건설, 산업단지조성, 관광단지개발 등 국책사업용지로 전환되었다.

노무현 정부에서도 대규모 그린벨트를 허물어 판교, 위례, 마곡, 광교 등 2기 신도시를 개발해 주택 수십만 채를 공급하기도 했다.

또한 2009년 자치단체 권역별 그린벨트 해제 가능 총량을 배정했으며, 수도권은 이미 2019년 말에 배정된 총량 27.8㎢를 초과 해제한 상황이기도 하다.

한국의 그린벨트는 정권이 바뀔 때마다 정책적 목적, 정치적 수단으로도 적극 이용되면서 그린벨트 제도의 미래 역시 중대한 기로에 놓이는 상황을 초래하기도 했으며, 정부의 주택공급 확대정책에 우선적으로 밀려 번번이 파괴되고, 그 규모가 줄어들고 있는 현실이기도 하다.

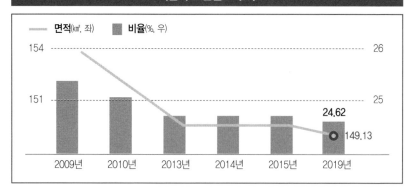

서울시 그린벨트 추이					

━━ 면적(㎢, 좌)　■ 비율(%, 우)

	2009년	2010년	2013년	2014년	2015년	2019년

24.62
149.13

그린벨트 지정과 해제 역사

- 1971년 그린벨트 첫 도입
- 1972년 수도권 그린벨트 2배 확대
- 노태우 정부, 1기 신도시 건설로 수도권 그린벨트 대거 해제
- 김대중 정부, 7개 중소 도시권역 그린벨트 해제
- 노무현 정부, 국민임대주택 건립 위해 서울 일부 해제
- 이명박 정부, 강남구 세곡동, 서초구 내곡동 등 강남권 해제
- 박근혜 정부, 뉴스테이 건립 목적으로 그린벨트 일부 해제

출처 : 서울도시계획포털

　최근 3기 신도시의 경우도 전체 부지 3,274만㎡ 가운데 그린벨트 해제에 의한 부지 확보가 전체 부지의 94%를 차지하고 있으며, 남양주 왕숙(95%), 하남 교산(81.7%), 인천 계양(96.8%), 고양 창릉(97.6%), 부천 대장(100%)으로 그린벨트가 아닌 대상 부지는 전체의 6%뿐인 상황으로 총 해제 면적은 여의도 면적의 2.8배에 달하는 규모이다.

　그린벨트가 후세에 대대손손 물려주어야 할 미래자산으로서의 가치는 더 말할 필요가 없지만, 애당초 무자비하게 지정된 그린벨트지역이 시대가 변하고 도시 상황이 변함에 따라 개발유보지로서의 성격을 겸

하게 됨은 아쉽기는 하되, 긍정적으로 받아들일 수 있는 과정이고, 결과물일 수도 있다.

하지만, 그린벨트가 보다 더 나은 도시를 지켜내기 위한 소중한 마지막 보루로서의 귀한 자원이라면 지금의 경우처럼 단지 중요도에 따른 등급으로서만 관리할 것이 아니라, 철저하고 정확한 현황에 근거한 총체적 조사를 통해 '절대적 보존지역'과 '상대적 보전지역'의 명확한 기준이 만들어져서, 누구나가 수긍 가능하며 더 이상 정권이 바뀌고 개발논리에 의해 무참히 망가질 수 있는 상황은 없어져야 할 것이다.

또한, 현재의 상황에서 과연 그린벨트지역들이 제대로 녹지로서의 역할을 하고 있는지도 살펴봐야 할 것이다. 서울 근교의 그린벨트들만 봐도 조금만 평탄하다 싶으면 산만한 경작지의 모습으로 변모한 지역도 무수히 많은 상황이다.

택지지구가 조성되고 도시가 확장되면서, 또는 철도와 도로가 새로 뚫리면서, 개발제한구역은 해제되고 개발되어 남아 있는 그저 몇천 평, 몇만 평 규모의 조각나고 볼품없이 초라해져 누더기처럼 해지고 이름 뿐인 어정쩡한 자투리로 방치되어 있는 지역도 상당수이다.

무수히 많은 초라한 조각난 그린벨트지역은 서울만 해도 한나절만 마음먹고 찾아 다닌다면 수도 없이 눈에 띄고, 쉽게 발견할 수 있을 것이다. 이는 오히려 반드시 지켜야 한다는 소중한 그린벨트라는 인식에서 벗어나 부정적인 역작용만 더 부가될 뿐이며, 개발과 필요성의 논리로만 남은 비효율적이고 무책임한 정책의 잔흔과도 같은 모습에 불과하다고 인식되어질 수 있을 것이다.

또한 수많은 민원들과 소중한 재산권 박탈이라는 소유자들의 목소

리도 보다 더 세심하게 점검해, 그 설정기준을 현실화할 필요성도 있을 것이다. 도시 외곽의 그린벨트가 무분별한 비닐하우스 천지로 도배되어 있는 모습이 아닌, 외국의 경우처럼 아담하고 예쁘장한 전원주택이 녹지와 어우러져 녹지로서의 미관도 잃지 않으면서 도심 거주민들의 휴양지 역할도 수행하는 멋진 그림들도 볼 수 있었으면 한다.

그린벨트가 지정된 지 벌써 50여 년이다. 다양한 목적과 필요성에 따른 그린벨트 해제에만 급급해서도 안 될 것이며, 많은 문제점을 안고 있는 현실을 무시한 채 무조건 사수하고 보존해야겠다는 것도 어쩌면 무책임한 논리에 불과할 수 있을 것이다.

개발제한구역 제도가 제재 일변도의 쉽기만 한 현실감 없는 정책일 수도 있다는 점을 다시 한번 되돌아보며, 이즈음에서 보다 정교하고 치밀한 그린벨트의 수정 마스터플랜과 향후의 대책이 시급히 마련되어 보다 정리된 모습으로 꼭 지켜내야 하는 소중한 자원으로 인식되기를 기대해본다.

부동산 투자 상품가치, 패러다임의 변화와 리스크 관리

01

투자 환경의 변화와
투자 시장의 변화

부동산의 유형과 투자 상품

부동산의 유형은 주거용 부동산(Residential Property), 업무용 부동산(Office Property), 상업용 부동산(Retail&Commercial Property), 호텔(Hotel), 산업용 부동산(Industrial Property), 여가 및 레저용 부동산(Leisure&Recreation Property), 토지(Land) 등으로 구분을 할 수 있다.

부동산 투자 상품의 유형 및 그 대상으로는 토지, 아파트, 재개발 및 재건축의 입주권과 분양권, 오피스텔, 도시형 생활주택, 다가구주택, 단독주택, 상가 및 상가주택, 부동산 펀드 및 부동산 투자회사의 리츠 상품, NPL 및 경·공매 등으로 나눌 수 있다.

이들 대상은 개인 투자자의 경우 시세차익형 투자 상품과 임대수익형 투자 상품으로 크게 구분할 수 있으며, 아파트, 토지, 재건축·재개발 지역조합주택과 같은 부동산이 대표적 시세차익형 투자 대상이고, 오피스,

오피스텔, 상가, 도시형 생활주택 등이 임대수익형의 대표적 상품으로 분류된다.

한편 최근에 와서 새로운 유형의 투자 대상 또는 투자 패턴이 선을 보이기도 하는데, 지식산업센터, 생활형 숙박시설, 분양형 호텔, 그리고 시세차익을 목적으로 주택을 매매 가격과 전세금 간의 차액이 적은 주택을 전세를 끼고 매입하는 '갭 투자' 방식 등이 장기적 경기침체와 저금리 시대를 맞이해 부동산 투자처로 관심을 받기도 하고 또한 투자 시장의 이슈가 되기도 한다.

투자 환경 및 투자 시장의 변화

우리나라의 부동산은 부동산 자체의 본질적인 의미를 넘어 투자의 대상으로 지대한 관심을 받고 있으며, 부동산 대상 투자가 재산증식의 제1순위를 차지하고 있다. 국내 총 투자 자산의 70% 이상이 부동산에 몰려 있는 상황이며, 현재 시점에서도 여전히 부동산 투자는 시대적, 정책적 상황변화, 부동산 투자 환경변화에 따라 투자의 대상과 유형, 그리고 투자 성향과 패턴 역시 첨예하게 변화해오고 있는 중이다.

지나온 시대의 부동산 투자 환경의 큰 변화와 흐름을 살펴보자면, 1960년대 중반 이후의 경제개발이 본격화되던 시대 상황, 1970년대의 급속도로 변해가던 도시화와 산업고도화의 시대, 세계경기의 변화에 따른 1980년대와 1990년대 초의 경기호황 등 30여 년에 걸친 상승 추세 일변도의 변화시기를 거쳐오게 된다. 그리고 1990년대 말의 'IMF

금융환란'의 시기와 경제 위기 이후의 저금리 정책과 부동산 경기부양책으로 재건축, 재개발 시장이 활성화되던 시기를 지나, 2001년 이후 저금리 유동자금에 의한 부동산 폭등기 시절과, 2006년 새로운 경기사이클이 진행되고 신도시 등 각종 개발계획이 가속화되어 건설 경기가 살아나면서 전국을 대상으로 건설 붐과 부동산 개발 및 시행 붐이 폭풍처럼 일어났던 시대를 맞이하기도 했다.

이후, 정부의 강력한 '부동산 투기 규제정책'에 따른 여파로, 한순간 전국 상가들의 30% 이상이 부도와 도산위기에 몰리며 건설 중단된 상가와 오피스 건물의 골격들이 눈에 띄게 늘어나던 시기도 있었다.

2008년 세계적 금융위기 '리먼 사태'로 인한 글로벌 금융위기시절에는 국내 건설사들의 부도 상황과 전국의 미분양아파트가 대량으로 발생하고, 부동산 가격폭락을 막기 위해 부동산 시장에 비상이 걸렸던 시기 등 격동과 격변의 다양한 시대적 경험을 하게 되기도 한다.

지나온 50여 년의 부동산 시장의 변화와 관련한 주요 이슈들 역시 경기회복 여부에 따른 수요 및 공급요인의 변화, 시장의 금리기조 및 통화량 추이, 경기부양을 위한 부동산 규제의 완화, 부동산 투기과열에 따른 정부정책의 변화, 시장환경 변화에 따른 트렌드의 변화와 이에 따른 투자 상품의 거듭된 변화와 진화로 요약할 수 있을 것이다.

부동산 투자 시장, 최우선 순위의 투자 상품은 여전히 아파트인가?

주택 보급률 100%, 집값이 오르는 이유는?

부동산 시장은 언제나 규제의 대상으로, 주로 집값의 안정화를 목표로 하는 정부의 정책으로 인해 주택 중에서도 특히 아파트가 그 규제의 첫 번째 대상이다.

현재 전체 인구의 54.2%(단독주택 30.1%, 연립 및 다세대주택 14.7%, 국가통계포털 KOSIS, 2020. 12 참고)가 아파트에 거주하고 있으며, 1970년대 이후 아파트가 주택 시장에 적극적으로 보급되면서 한국의 대표적인 주거형태로 자리 잡게 된 아파트는 단순한 주거시설이 아니라 생활과 문화를 담는 그릇이자 주거문화의 중심이라 할 수 있다.

이제는 브랜드아파트, 초고층아파트 등으로 진화를 거듭하고 있는 상황이며, 소득 상위가구의 아파트 거주 비율은 점점 더 높아지며 앞으로도 계속 늘어날 전망이다.

우리나라의 주택보급률은 이미 오래 전에 100%를 넘겼고, 2019년에는 전국 기준 104.8%(서울 96%, 국토교통부, 2019년 주택보급률)까지 상승했음에도 불구하고, 2010년과 비교하면 전국 주요지역의 집값은 2배가량이 상승했다. 그렇다면 한 가구당 한 집을 가질 수 있을 만큼 주택이 공급되었는데도 왜 집값은 계속 상승하는 것인가?

주택보급률에서의 '주택'에는 일반적 집으로 인식하기 힘든 상가나 공장내의 주택이나 고시원, 임시 막사, 비닐하우스도 주택으로 간주하고 있으며, 또한 옥탑방과 반지하방, 부엌이나 목욕시설이 없는 주택도 주택 수에 포함되고 있다. 시골에 버려져 있는 빈집도 주택이며, 준공은 되었으나 미분양인 곳도 주택으로 산정되고 있어, 실제 일반인들이 거주할 수 있는 살 만한 집은 통계보다는 훨씬 더 부족한, 통계적 착시 가능성이 있을 수도 있다.

주택보급률 100%를 이미 넘었는데도 불구하고 여전히 집값이 오르는 그 이유는 다음과 같이 정리될 수 있다. 첫째, 가구수 증가 대비 주택공급량의 불일치 현상 때문이다. 즉, 가구수는 혼인, 이혼, 분가, 취업, 학업 등으로 매년 일정하게 증가되는 반면, 공급은 그 적정 시기를 지나 수년 후에 이루어지지 때문으로 그 사이 주택부족 현상이 가중될 수 있으며, 이는 전세가와 주택 가격의 상승으로도 이어지고 있다.

둘째, 자가 비율 문제이다. 전국의 자가 비율은 54%(서울·수도권은 50%)가 채 되지 않으며, 이는 두 가구 중 한 가구는 전세 혹은 월세로 살고 있다는 것을 의미한다. 셋째, 필요한 곳에 주택이 부족하다는 것이다. 서울·수도권의 주택보급률은 90%대인데 비해, 지방의 경우

120%를 넘는 곳도 있어 지역별 공급량의 차이가 있기 때문이다. 때문이다. 마지막 이유는 주택의 질적 수준 문제이다. 전국의 총 주택 중 건축 연수 20년 이상의 주택 비중이 44%이며, 10년 미만의 주택은 총 주택 중 25%밖에 되지 않는다. 즉 절반 가까운 주택이 노후화된 주택으로 선호도 높은 신축주택이 그만큼 수요를 충족시켜주지 못하고 있기 때문이다.

최근 4년간 서울 아파트 매매 가격 상승률은 79.8%

최근 4년(2017. 1~2021. 1) 동안의 아파트 매매 가격 상승률은 전국 42.7%(평당 상승금액 532만 원), 서울 79.8%(평당 상승금액 1,824만 원)를 기록하고 있고, 더구나 아파트는 투자 가치까지 더해져 그 존재감은 더욱 커지고 있으며, 현재 최고의 투자 대상이자 인기 투자 상품임에는 두말할 필요가 없을지도 모른다.

물가상승률을 훨씬 뛰어 넘는 아파트 가격상승은 투자자의 관점에서는 무엇보다 높은 수익률을 기대하게 하는 투자 가치 높은 상품일 수밖에 없으며, 현재 시점 역시도 단기간에 아파트 가격은 폭등적인 상승을 하고 있는 상황이며, 이와 함께 부동산 자산이 많은 경우의 상대적 위기감, 그렇지 못한 경우의 상대적 박탈감 역시 오랜 기간에 걸친 사회 문제가 되어 있는 실정이다.

또한 우리나라의 주택은 단순한 주거의 개념만이 아니라 소유의 개념까지 내포하고 있는 오랜 속성으로 주택과 아파트 대상의 투자는 부동산 경기가 좋아지는 시점에서 오히려 그 수요가 더 많아지고 있는 상황이다.

무엇보다도 환금성 측면에서 여타 부동산 상품보다 유리하고 안정적이라는 장점이 부각되고 있어 투자자들의 심리는 시장안정화와는 별개로 오히려 정책과 규제의 틈새를 노리고 있으며, 그 투자 패턴과 성향을 달리해가며 변화와 진화를 거듭하고 있는 상황이다.

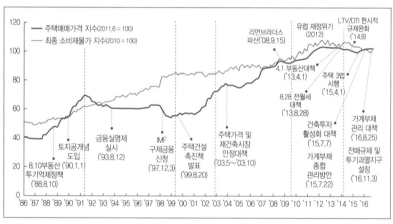

정부별 주요 정책 및 주택 가격   출처 : 한국부동산원 한국은행, NH투자증권 리서치센터 재인용

국가 경제지표상으로도 주택 가격 상승에 따른 순기능보다는 역기능이 훨씬 더 많아 각종 부동산 정책과 강력한 규제조치가 내려지고 있으나, 이에 따른 그 반대급부(反對給付)의 강한 역공, 또 이에 대한 추가 제재 또한 염두에 두지 않을 수 없는 상황임에도 불구하고 아파트라는 투자 상품은 부동산 투자 시장에서 여전히 최우선 순위가 될 전망이다.

분양형 호텔, 근원적 문제점을 내포한 분양형 투자 상품

2016년 후반, 평창 동계올림픽(2018년)을 앞둔 시점에서 관광산업 육성정책과 중국관광객의 방문객 급증에 따른 숙박시설의 부족현상이 맞물리면서 수익형 부동산의 하나인 오피스텔 과잉공급의 대안으로 등장한 것이 바로 분양형 호텔이라는 형태의 부동산 투자 상품이다.

중국인 방문객을 겨냥한 제주도 지역과 강원도 평창지역을 중심으로 개발이 급속히 진행되었으며, 현재 전국에 걸쳐 125개 이상의 시설이 개발과 선분양의 형태로 건설되고 있는 상황인데, 최근 복지부의 발표에 따르면 분양권호텔의 90% 이상이 분양 계약과 관련한 소송이 진행되고 있는 상황이라고 한다.

분양형 호텔 또는 수익형 호텔이라는 형태의 이 분양 상품은 시행사인 공급자가 개별 객실들을 투자자를 대상으로 분양하고, 수분양자인 투자자는 호텔의 각 객실의 운영을 운영대행사에 맡겨서 투자 수익을 얻는 형태를 취하고 있는 것이 일반적인 상황이다.

소유권 또한 구분등기를 통해 객실별 소유권 부여가 이루어지는 형태로, 말하자면 투자자는 호텔사업에 투자하는 것이 아니라 일반 숙박업에 투자를 하는 형태이며, 투자자들은 객실별로 소유권을 가지고 위탁운영업체로부터 소유객실에 따른 임대료를 받게 되는 구조이다. 관련법규 자체도 '관광진흥법'상의 관광호텔업으로 등록하는 것이 아니라 '공중위생관리법'에 따르는 일반 숙박업으로 신고해 운영하는 형태이다.

공급자인 시행사는 확정수익금을 내세워 분양마케팅을 주로 했고, 분양 후 약 1년에서 3년간 부가가치세를 제외한 분양금의 일정 비율에 해당하는 수익금을 지급하고, 운영개시 이후부터는 호텔 운영실적에 따라 수익을 배분하는 구조였으며, 운영계약은 일반적으로 임대차계약 형식이 아닌 위탁운영계약으로 이루어져 있다.

그런데 문제의 발생은 호텔운영 전담의 위탁운영사는 하나의 호텔로 영업하고, 그 수익을 분양 계약자에게 배분하는 수익형 부동산의 상품 형태를 띠고는 있으나, 전문호텔운영사도 아닌 운영업체가 영업과 그 운영을 제대로 하지 못했을 경우에 일어나게 된다.

또한 대량의 공실 발생으로 수익금 배분의 문제가 생기거나, 공사 과정에서 하자가 발생하는 경우와 시공사의 자금난으로 공사가 지연되거나 중단하는 사태의 발생이 일어나 투자자의 수익금은 물론이고 원금보전마저 어려운 상황에 직면하게 되는 상황이 나타나고 있기 때문이다.

투자자의 입장에서는 분양형 호텔이 오피스텔과 유사한 형태로, 1억 5,000만 원~2억 원의 소규모 투자가 가능하다는 점과 운영에 따른 임대수익으로 고령화, 저금리, 명예퇴직, 노후준비 등 은퇴세대들을 위한 맞춤형 투자 상품이라는 점에서 투자했지만, 이렇듯 대표적 투자 실패 사례의 결과로 귀결되고 만 것이다.

전통적 호텔산업의 일반적 특성은 객실 운영 수입 및 연회 또는 회의 등의 행사 수입, 식음료(F&B) 수입 등 기본적으로 갖춰야 할 경험과 노하우, 운영매뉴얼과 운영관리시스템 등 전문업체에서 고난이도의 서비스 운영과 수익지표 관리를 필요로 하는 사업이다.

분양형 호텔의 투자 상품은 이론적 사업구조로 볼 때는 비교적 소규모 투자와 고정적 운영수익 형태의 이상적 투자 상품 형태로 오인할 수는 있으나, 일반적인 호텔산업의 특성이 개발 후 7~9년 이상의 손익분기점과 기대 수익률 8~10%의 운영수익을 목표로 하는 운영사업 형태 위주의 대표적 산업임을 감안할 때, 분양 수입을 통한 개발사업의 형태와는 전혀 다른 포맷의 사업이라는 점일 것이다.

비록 2016년의 사드 사태와 한한령(限韓令) 등의 이슈로 인해 방한 중국관광객의 수요가 급감하고, 최근의 코로나19 사태까지 발생, 관광 수입이 급감했다고는 하나 분양형 호텔사업은 호텔사업의 타당성보다는 개발과 분양 프로젝트로서의 사업성이 우선인 사업형태이다.

사업설계단계부터 접근방법이 다른 형태를 띠고 있으며, 사업의 수혜자 역시 개발자, 운영자, 투자자(구분 소유자)의 이해가 상이한, 원초적으로 많은 문제점을 안고서 출발한 분양형 투자 상품이라 할 수 있을 것이다.

부동산 투자 시장,
투자 상품가치의 변화와
새로운 패러다임

변화하는 투자 상품가치

한국의 부동산 시장은 지나온 50여 년의 궤적을 되돌아볼 때 그 어떤 특정한 시대와 시기를 불문하고 언제나 역동적이고 변화무쌍한 세계적으로도 유래가 드문 활발한 시장임에는 분명하다.

부동산 투자 관점의 긍정적인 측면으로 본다면, 수십 년 동안 지속되어온 토지와 아파트의 가파른 오름세에 편승해 그 어떤 투자 대상보다도 투자 수익률은 높고, 상대적으로 투자 위험은 적은 '기회의 시장'이었을 것이다.

이에 반해 국가경제적 측면에서는, 막대한 유동자금이 부동산에 투입됨으로 인해 자금의 흐름이 왜곡되기도 하고 자본생산성을 저하시키기도 했으며, 이로 인한 산업 생산성의 기회를 소멸시키기도 했고, 토지 비용의 상승으로 인해 사회간접자본의 확충과 직간접 생산비의 증대로 국가의 경쟁력이 둔화되는 어려움을 겪게 되기도 했다.

또한, 더 많은 수를 차지하는 대다수 투자 소외계층이 느끼는 관점에서는, 부동산 투자 또는 투기에 의한 재산증식 수단과 기회에서 소외됨으로 인해 상대적 박탈감과 상실감을 느끼게 되는 부정적 측면이 존재하기도 한다.

최근 부동산 시장의 뜨거운 이슈는 주택공급과 수요의 불균형에 따른 아파트 가격의 급상승 추세와 이에 대한 정부정책과 연이은 규제 관련 발표 소식이다. 이와 함께 다양한 매체를 통한 다양한 전문가들의 목소리와 정보가 흘러 넘치고, 실수요 및 투자수요의 기회와 전망으로 혼란스럽고 불안한 심리가 또 한 번 증폭되고 있음을 실감하게 된다.

그중에는 향후의 강력한 정부 규제정책과 한국 부동산 시장의 앞서 가는 모델로서의 대상이 되는 일본의 버블경제시대의 아파트 가격 급락을 사례로 2021년을 기점으로 아파트를 비롯한 전반적 부동산 가격이 폭락할 것이라고 예상하는 이도 있으며, 투자 상품으로서의 아파트 투자 무용론을 이야기하기도 한다.

그동안의 부동산 사이클과 순환주기상의 흐름을 감안해 예상하자면, 부동산 시장에서 가장 먼저 움직이는 것은 주거용 부동산으로, 아파트 가격이 오르고 나면 그다음으로는 연립, 빌라, 다가구, 단독주택 순으로 흐름이 이동한다. 그다음으로 아파트보다는 가격대가 저렴한 주거용 오피스텔의 가격이 상승 경향을 보이고 있다.

또한, 경기가 확실히 회복되고 소득증가와 이에 따른 소비가 늘어나고, 영업이익과 매출이 증가하며 월세와 권리금이 상승하기 시작하는 시점에서는 상업용 부동산 투자가 최적의 투자 대안이 될 수 있으며, 마지막 단계에서 창고용지, 공장부지와 같은 산업용 부동산으로 이동되는 순환구조와 흐름을 보이고 있다.

단기 투자보다 장기 투자에 유리하며 투자 금액과 거래 금액이 큰 토지의 경우는 실물경기의 최고치에 도달한 시점에서 집중적인 관심을 보이는 투자적 성향을 예상할 수도 있다.

또 한편으로는 부동산 투자 유형별 예상으로, 부동산 경기의 상승기에는 수익성 위주의 투자 상품에 대한 투자가 우선하며 하락기에는 환금성 위주의 투자 패턴이 적절하다는, 말 그대로 부동산의 라이프사이클의 변화 추세에 편승한 투자 패턴의 중요성을 말하기도 한다.

그동안도 부동산 가격폭등 이후의 정책 차원의 부동산대책은 언제나 있었던 일이고, 시장 안정화와는 별개로 투자자들의 심리는 정책과 규제의 틈새를 노리며, 그 투자 패턴과 성향을 달리해가며 변화와 진화를 거듭해오고 있는 실정이기도 하며, 이러한 부동산 시장의 모습은 하루 이틀의 일이 아님은 주지의 사실이기도 하다.

여기서는 현재 시점의 투자 대상의 기회요인과 선점 투자, 투자의 베스트 타이밍 등의 부동산 투자 정보, 시시각각으로 변화 가능한 투자 전망에 무게중심을 더 두기보다는, 부동산 투자 시장의 흐름에 기반하고자 한다. 또한 투자 상품의 기본 특성과 투자 시장의 흐름과 본질파악을 바탕으로, 향후의 투자 시장의 변화 흐름과 투자 대상의 변화하는 패러다임을 파악하고 분석함에 더 치중하고자 해왔으며 이후의 초점과 전개 역시도 그 점에 더 의미를 두고자 한다.

부동산 투자의 특성과 투자 위험의 종류

부동산의 특성은 다른 투자재와는 다르게 부동산 고유 특성인 부동(不動)의 고정성과 각 개별토지의 이용 용도에 따른 다양성, 공급의 한정성이라는 특성이 있다.

부동산 투자의 특성은 이와 더불어 물리적 기능에 앞서는 인위적 주변환경과, 위치에 따르는 다양한 효용적 특성이 존재하며, 부동산이 대체로 고가(高價)의 상품이므로 금융 비용이 많이 들고, 투자 수익이 비교적 높은 편이며, 임대 수익형의 경우 자본소득 발생도 가능한 특성이 있다.

투자의사결정 과정에서 무엇보다도 가장 중요한 것은 부동산 투자의 특수성, 개별 투자 대상의 특성 고려와 함께 투자 대상 및 투자 상품의 가치평가 기준이라고 할 수 있을 것이다. 또한 부동산 투자 속성상 단기간의 투자보다는 중장기적 투자 기간과 이에 따른 부동산 특성을 고려한 투자 전략은 언제나 필요한 법이다. 부동산 투자 시 기본적인 가치평가기준 항목은 다음과 같다.

부동산 투자의사결정의 기본원칙

- 투자 대상의 내재가치(As-is Value)
- 투자 대상의 미래가치(Future Value)
- 투자 상품의 희소가치(Rare Value)

부동산 투자는 투자 상품을 대상으로 장래의 수익을 얻기 위해 현재의 노력과 소비를 희생시키는 대가로 미래의 경제적 보상을 받으려고 하는 행위이다. 따라서 부동산 투자에 따른 위험률은 기대 수익률(The Expected Rate of Return)과 비례하며, 투자 위험과 불확실성이 증가할수록 기대 수익률도 증가하게 된다.

부동산의 고유 특성에 따르는 투자 위험의 종류로는 장래의 어떤 시점에서 투자 물건을 현금화시키는 것과 관련한 '유동성의 위험'이 있으며, 시장환경의 변화에 의한 따른 수요·공급의 변화 등 '수익성 변동의 위험성'이 존재하게 된다. 또한 '사업상의 위험'과 이자율 변동에 따라 부동산의 가격과 수익률에 직접적 영향을 미치게 되는 '이자율의 위험'이 있으며, 정부정책과 규제의 변화에 따른 재산권 행사의 위험으로 토지이용규제 등 법적환경 변화의 위험과 관련한 '법적 위험'으로 구분할 수 있다.

미래에 관한 예측은 언제나 그 불확실성까지 내포하고 있고, 투자 리스크를 감수한다는 것은 투자자의 수익을 감소시킬 수도 있고, 반대로 증폭시킬 수도 있는 부정적 효과와 긍정적 효과의 양면성을 가지고 있다. 이러한 측면에서 단순하지만 언제나 강조되는 투자 리스크 관리의 원칙을 소개하면 다음과 같다.

부동산 투자 리스크 관리의 기본원칙
- 위험한 투자는 가능한 한 투자 대상에서 제외
- 투자 수익률의 보수적 예측에 의한 투자 결정
- 위험한 투자에 대한 리스크 프리미엄과 높은 할인율의 적용

불안정하고 미래 예측의 변수가 상존하는 부동산 시장을 바라보는 관점은 누구나 다를 수 있기에, 부동산 투자의사결정 과정에서 투자 대상 상품 결정 시에도 투자 상품 중심의 비교우위 관점과 투자 포트폴리오 구성은 언제나 필요하다.

투자(Investment)와 투기(Speculation)의 구분을 보편적인 기준으로 표현하자면, 투자는 재화의 이용에서 얻을 수 있는 소득적 이익(Income Gain)을 목표로 자금의 지출을 한다면, 투기는 장래 가격 변동의 예측에 따라 현재 가격과 장래 가격의 차이에서 발생하는 양도차익 즉, 자산 가격의 변동에서 얻어지는 자산적 이득(Capital Gain)을 목적으로 하는 자금의 지출이라고 정의할 수도 있을 것이다.

하지만 이러한 구분은 제도적으로 투자 행위의 동기적 측면에서 구분되는 정의라 할 수 있으며, 실제에 있어서는 행위의 결과 위주로 판단하는 경향이 강해 제도적 기준하에서는 투자와 투기를 구별하기란 쉬운 일이 아니다.

부동산 투자로 '단기간에 일확천금을 벌 수 있다'라는 인식에서 벗어나, 체계적인 투자 프로세스를 바탕으로 안정적인 수익을 발생시키는 투자 상품으로의 인식전환이 필요하다.

이를 위해서는 무엇보다도 부동산 투자 상품별 고유의 특성에 대한 재인식과 지나온 수십 년간의 부동산 시장의 흐름과 이에 대한 총체적 변화의 흐름을 파악하는 것은 언제나 중요한 일이다. 또한 부동산 투자 시의 예상치 못한 흐름의 변화와 다양한 리스크 상황을 극복하기 위해서는 무엇보다도 새로운 패러다임과 인식의 전환이 필요하다.

부동산 투자에서의
땅의 힘,
토지 투자의 성공 방정식

01

멈출 수 없는 부동산 투자,
왜 땅이 우선인가?

땅의 의미란?

우리나라에서 땅이 가지는 의미는 과연 무엇일까? 지난 50년 동안 우리나라의 토지 가격은 1990년대의 두어 해를 제외하고는 떨어진 적이 없다. 이러한 땅에 대한 인식이 자리를 잡으며, '부동산에서 그 어떤 정책과 상황의 변화에도 땅값은 떨어지지 않는다'라는 불패신화와 함께 땅은 많은 이들의 투자 우선순위이기도 하며, 때로는 투기 열풍의 대상이기도 했고, 더불어 지가 자체에 대한 거품논쟁의 대상이기도 하다.

우리나라 지가의 가장 큰 특징은 상승일변도의 지가상승 추세라 할 수 있으며, 이는 서울과 대도시에 국한된 현상이 아니라 전국적인 현상이며, 지극히 지속적이고, 경제성장률 및 물가상승률 등의 그 어떤 경제지표에 비해서도 매우 급상승한다는 것이다.

땅값이 치솟던 1989년은 우리나라 토지가 총액이 그해 국민총생산의 9.3배에 달하기도 했다.

지가상승의 가장 큰 문제 중 하나는 부동산 투기를 유발해 국민경제 전체의 기반과 자금의 흐름을 왜곡해 자본생산성을 크게 저하시킨다는 것이며, 높은 지가상승률은 자본의 쏠림 현상을 유발하기도 하고, 땅의 자산가치가 크다는 것은 기본적으로 매매차익이 그만큼 클 수 있다는 의미이기도 하다.

또한, 토지에의 쏠림 현상으로 인한 이 막대한 유동자금은 국민경제 차원에서는 산업계의 생산을 더 늘릴 수 있는 기회를 소멸시키거나, 토지 비용의 상승에 따르는 사회간접자본 확충의 걸림돌이 되기도 하고, 직간접 생산비의 증대에 따른 기업 및 국가의 경쟁력을 둔화시키기도 한다.

그럼에도 불구하고, 기업 차원의 부동산 사업 관점에서나 개인의 부동산 투자관점에서는 세계 최고 수준의 토지가, 세계적으로 높은 지가상승률의 지속, 이 두 가지 요인만으로도 놓치고 간과할 수 없는 부동산 투자 시장에서의 막강한 관심 대상이라 할 수 있을 것이다.

인구 천만 명, 과밀 대도시의 탄생

1960년대부터 본격적인 성장궤도에 진입하기 시작하는 서울은 세계의 도시변천사에서도 보기 드문 사상 초유의 급속한 성장과 팽창을 경험하게 된다.

서울의 행정구역은 1936년 133.49km^2에서 1949년 268.35km^2, 다시

1963년 613.04㎢로 확대되었다. 인구는 1945년 90여만 명에서 1949년 148만 명, 1953년 100만 명, 1967년 400만 명, 1970년 550만 명, 1980년 840만 명을 돌파했고 1990년에는 천만 인구를 넘어서는 거대도시로 변모한다. 이러한 급격한 도시인구 변동은 한국전쟁 직후의 일시적 '퇴행 도시화' 시기를 제외하고는, 과히 인구 폭발이라고 할 만한 급속 증가 현상을 보이게 된다.

행정구역 확대에도 불구하고 늘어나는 인구에 대응하는 주택 공급의 절대적 부족과 도시정책의 미비로 무허가 불량주택은 급속도로 늘어나게 되고, 도시는 빈곤·주택·교통·쓰레기 등 산적한 도시문제들로 쌓여가는 '과잉도시화(Over Urbanization)'의 양상을 드러내기 시작한다.

1970년대에 들어와서는 강남이 본격적으로 개발되기 시작하고, 남대문 주변은 길이 넓어지고 백화점, 호텔, 은행, 대기업들의 고층빌딩이 치솟기 시작했으며, 서울 인구 천만 명 시대의 1990년대에는 대규모 아파트 단지가 곳곳에 들어서고 아파트 건설은 끊임없이 이어지며, 오늘날의 '거대 아파트숲의 도시' 서울로 변해가게 된다.

서울의 시가지 팽창

1920

1945

1960

1975

1980

현재　　출처 : <아름다운 서울>, 국립현대미술관

아파트 가격 300배 오르는 50년 동안, 땅값은 3,000배 올랐다

1960대 초, 지금의 양재역 사거리 부근의 말죽거리 땅값은 평당 300원 정도였다. 1969년 제3한강교가 개통되고, 그다음 해 경부고속도로가 뚫리면서 이 지역 땅값은 평당 5,000~6,000원으로 폭등했다. 1987년, 연평균 10% 정도 상승하던 전국의 땅값은 1988년 27%로 상승세를 기록하고, 강남은 평당 1,000만 원을 돌파하는 아파트가 등장했으며, 88서울올림픽을 앞두고는 3저(低)호황(저유가, 저달러, 저금리)으로 시중 유동성이 풍부해지며, 이 자금이 토지 투자로 몰려들기 시작했다. 자그만치 2,976배! 경제개발이 본격화되던 1964년과 2013년 한국의 평균 땅값 차이이다. 같은 기간 명목 국내총생산(GDP) 성장속도인 1,933배보다 훨씬 가파른 추세를 보이고 있다.

이는 산업화 및 도시화에 따른 급속한 개발에 부동산 투기라는 사회적 현상이 더해진 결과로, 한국을 '부동산 공화국'이라 부르는 이유이기도 하다. 이러한 상황은 지금도 마찬가지로 국부의 89%를 부동산이 차지하고 있으며, 여전히 현금 자산보다 부동산 보유가 부의 척도가 되는 상황이다..

한국은행의 자료에 따르면, 한국의 m^2당 평균 지가는 1964년 19.6원에서 2013년 58,325원으로 올랐다. 같은 기간 국토 전체의 토지 가격을 더한 명목 토지자산가액은 1조 9,300억 원으로 5,848조 원에서 3,030배 증가했다. GDP 대비 지가총액비율은 1964~2013년 평균

392%이다. 이 비율은 1970년(547%)과 1991년(597%)에 크게 치솟았으며, 이는 당시 경제개발과 투기 열풍을 반영하며, 1968년(59.8%), 1989년(38.9%)의 지가상승률이 크게 높았던 것과도 같은 맥락이다.

산업구조의 중심이 농업에서 제조업으로 옮겨가며 지목별 지가총액 비중도 크게 변했으며, 논·밭·임야의 지가총액 비중은 1964년 57.2%에서 2013년 23.7%로 33.5% 포인트 떨어진다. 반면, 대지와 공장용지 비중은 같은 기간 28.8%에서 55.7%로 26.9%포인트 높아졌으며, 도로·철도·항만 등 사회간접자본 비중이 확대되면서 기타 토지 지가총액 비중도 이 기간 14%에서 20.6%로 6.6%포인트 상승했다. 2013년 말 기준 GDP 대비 지가총액 비율은 409%로, 50년 평균과 비교해 큰 차이가 없으나, 전체 땅값 규모(5,848조 원)에 건물자산(3941조 5,000억 원)을 더하면 총 국민순자산(1경 1,039조 2,000억 원)의 88.7%에 달하며, 토지를 포함해 한국경제에서 부동산이 차지하는 비중은 여전히 높은 상황이다.

이 시기 동안, 쌀(50배), 연탄(55.7배), 휘발유(77.5배) 같은 생필품 가격 변화와 비교하면 상당히 큰 차이를 보이고 있으며, 아파트의 가격상승률이 314배를 상회하는 수준임을 감안하면, 땅값은 무려 그 열 배 가까운 2,976배의 폭등세를 기록하는 결과를 보이고 있다(자료 : 한국은행, 〈중앙일보〉 2015. 11. 17 기사 내용 주 일부 참고).

2020년 전국 땅값 상승률 14년 만에 최고치인 10.37% 상승

국토교통부의 2021년 표준시 공시지가 발표에 따르면, 전국 표준지 52만 필지의 땅값 상승률은 10.37%로, 2007년(12.40%) 이후 14년 만에 최고 상승률을 기록했고, 2019년(9.42%)보다도 그 상승폭이 크다. 지역별 상승률은 세종(12.38%)이 가장 높았고, 서울(11.41%), 광주(11.39%), 부산(11.08%), 대구(10.92%) 등의 순으로 나타났으며, 서울에서는 강남구(13.83%), 서초구(12.63%), 영등포구(12.49%) 순이다. 용도별 상승률은 주거용(11.08%), 상업용(10.14%), 농경지(9.24%), 임야(8.46%), 공업용(7.56%) 순이며, 전국에서 가장 비싼 표준지는 18년째 1위 자리를 지키고 있는 서울 중구 명동 네이처리퍼블릭(서울 중구 명동1가 54-12) 자리로 m^2당 공시지가는 2020년보다 3.77% 오른 2억 650만원을 기록했으며, 2020년 집값 상승률이 4.49%인 점을 감안하면 땅값 상승률은 10.37%로 약 2.5배에 달하는 수준이다.

지가상승의 가장 큰 원인 중 하나인 토지보상금 규모 역시 2021년 3기 신도시(하남 교산지구, 고양 창릉지구, 남양주 왕숙지구, 부천 대장지구, 인천 계양지구)의 보상금 추정액 규모만으로도 40조 1,125억 원에 이르며, 통상적으로 토지보상금의 투자처로서 토지 시장과 주택 시장으로 유입을 감안한다면, 이러한 자본 유동성은 한동안도 여전한 상승일변도의 지가상승률을 견인할 것으로 추정하게 된다.

최근 50년간의 지가변동추세

지난 50년간 우리나라 지가의 경이적인 속도 상승 중에는 특히 주목할 만한 최근 30년 동안의 세 차례의 '지가 급등기'와 두 차례의 '지가 단기 하락기'가 있다.

세 차례의 땅값 폭등기
- 1970년 후반의 한국경제 회복세 및 중동건설 특수
- 1980년대 말~1990년대 초반, 3저(低) 호황기
- 2001년 이후 저금리 유동자금에 의한 부동산 폭등기

두 차례의 지가상승율 단기 하락기
- 1990년대 초반, 주택 가격 폭등에 따른 기저효과와 정부의 규제
- 1998년 IMF 금융위기 시기

세 차례의 땅값 폭등기

1974년 오일쇼크 침체 이후 1976년부터 세계 경기가 되살아나면서 한국경제도 회복세를 보였고, 중동 특수까지 겹치면서 부동산 시장은 과열현상을 보였다. 1970년대 후반, 최초의 부동산 폭등은 당시 한국의 이러한 경제 상황에서 이루어졌다. 서울의 땅값은 전년 대비 136%(1978년)로 치솟으며 '복부인'이란 용어도 이 시기에 처음 등장하게 된다.

1977년은 수출 100억 달러를 달성한 해이며, 당시 정부는 1980년까지 국민소득 1,000달러, 수출 100억 달러의 목표 지표를 갖고 있었음에도 불구하고 수출 목표가 조기에 달성된 것이다. 그 이유는 수출경기가 1976년부터 호전되고, 국제 에너지 가격이 안정되며, 중동의 건설 붐으로 중동에 진출한 해외기능공의 숫자가 4만여 명에 달하고, 그해 한국의 경상수지는 중동에서의 달러 유입과 수출 호조로 1,230만 달러의 흑자를 기록하던 시기였기 때문이다. 경제성장률 10%를 넘는 활황기로 달러 자금이 풍부해지고, 정부의 중화학공업 육성정책 자금 등 시장의 통화량이 급속도로 팽창하며, 그 결과 도매물가 상승률이 11.6%를 기록하면서 자연스럽게 부동산 시장을 자극해 토지와 주택 가격이 상승하게 되었고, 1977년부터 아파트 투기 바람이 불기 시작하던 시기이기도 하다.

두 번째 시기는 1980년대 말~1990년대 초의 시기로 저유가, 저달러, 저금리의 3저(低) 호황기 시대로 지가상승 추세는 경제성장률 및 물가상승률 등 다른 어떤 경제지표보다 빨랐으며, 땅값이 한창 비싸던 1989년 우리나라 땅값의 총액은 그해 국민총생산의 9.3배에 해당하던 시기였다. 1987년, 연평균 10% 정도 상승하던 전국의 땅값은 1988년 27%로 상승세를 기록하고, 강남은 평당 1,000만 원을 돌파하는 아파트가 등장했으며, 88서울올림픽을 앞두고는 3저 호황에 따른 시중 유동성이 풍부해지며, 이 자금이 토지 투자로 몰려들기 시작했던 시기이다.

마지막 세 번째 시기는 풍부한 저금리 유동자금이 부동산 시장으로 몰리면서 부동산 가격이 폭등한 2001년 이후의 수년간으로 정부의 유동성 조절 실패가 그 원인이 되던 시기였다.

1990년대 두 차례의 지가상승률 단기 하락

지난 50년 동안 지속적인 지가상승 일변도의 추세 속에서도 단 두 차례 단기적 땅값 하락 시점이 있었는데, 1990년대 초반 그리고 1998년 IMF 외환위기 때가 바로 그 시점이다. 1990년대 초반, 지가상승률 하락의 원인으로는 1980년대 주택 가격 폭등에 따른 상대적 기저효과(基底效果)와 함께 정부의 토지초과이득세, 공시지가제도 도입과 같은 규제가 영향을 미쳤다고 분석할 수 있다.

두 번째 시기인 1998년 지가 하락의 원인은 1997년 말 IMF 경제 위기로 지가가 크게 하락해, 1998년 최대 폭락인 -13.6%를 기록하게 된다. 주원인으로는 기업과 금융기관의 재무구조개선을 위한 비업무용 토지의 처분, 부실채권 담보물의 매각 등 부동산 공급의 증가와 경기침체로 인한 기업이윤의 저하, 실업률 상승, 실질소득의 감소로 기업 및 가계의 부동산 수요 감소가 그 원인이라 할 수 있을 것이다. 이는 1999년 임차권등기 명령제, 수도권 공공택지의 $85m^2$ 초과 아파트의 분양가 자율화, 신규 분양아파트 분양권 전매 완화, 주택저당채권 유동화제도 도입 등 부동산 경기 활성화 조치와 기업 생산 가동률의 회복, 공장부지 수요의 증가와 소비확대로 인한 실물경기 회복의 가시화 등으로 다시 상승곡선을 그리며 회복하게 된다.

세계 최고 수준의 비싼 땅값, 세계적으로 높은 지가상승률

지난 50년 기간 동안 한국 땅값이 지속적으로 상승한 원인은 앞서 언급했듯 다양한 관점과 원인이 있으며, 한국의 높은 토지 가격과 급격한 지가 상승곡선에는 다양하고 복합적인 변수에 의한 함수관계가 성립된다는 사실도 알 수 있었다.

토지는 생산물이 아니라 자연적 산물로 건물과 땅의 차이는 바로 대체불가의 희소성이고, 생산불가의 제한성이다. 인간의 힘으로 생산할 수 없는 자원이 바로 땅이다. 또한 경제활동과 생산활동의 기본이 되고 근간이 되는 것이 바로 이 유한한 자산인 땅이다.

부동산 투자에서 땅의 가치는 영원할 것이며, 이러한 이유로 시간이 지나면 지날수록 땅의 가치는 더 올라갈 것이다. 또한, 땅의 특성은 감가상각의 셈법 대상도 아니며, 그 이용 여하에 따라 미래의 경제적 이익을 예상하고 예측할 수 있는 기회성과, 무한한 잠재력을 지닌, 미래가치의 기대가격으로서의 성격을 갖는 속성이 있다. 인구 5,100여만 명, 23,000여 세대의 시대를 살고 있으면서, 인구 밀도는 지극히 높고 절대적 토지 가용면적은 훨씬 부족한 한국에서 땅이 가지는 의미는 불가결(不可缺), 불가무(不可無)의 자원인 것이다.

극심한 침체의 부동산 시장에서도 토지 시장만은 유독 예외였다. 불황기에도 꾸준히 가격이 상승하고 있는 세계 최고 수준으로 비싼 땅값, 세대를 걸친 지속적이고 높은 지가상승률, 이 두 가지의 특별한 요인만으로도 한국의 부동산 투자 시장에서는 놓치고 간과할 수 없는 투자 대상이 땅이다. 변할 수도 없는 강력한 '땅의 힘'은 부동산 투자의 그 원천적 자원이자 근본적 대상이라고 할 수 있을 것이며, 효용성이 높고 미래가치가 높은 땅이 부동산 투자 시장에서의 상품가치 최우선 순위인 것은 바로 그 이유에서이다.

부동산 투자에는
성공 방정식이 따로 있다

부동산 투자 시장에서의 상품가치, 토지 투자의 위력

외국계 컨설팅회사에서 주로 기업컨설팅을 전문적으로 수행하던 2000년대 중반의 일이다. 유학으로 미국에 건너가 그곳에서 결혼도 하고, 생업의 기반도 탄탄히 다졌고, 이미 영주권을 취득해 해외에서 15년째 거주하던 한 지인이 부모로부터 물려받은 재산도 정리할 겸 한국을 방문했다. 당시 지인은 상속분의 일부 자산으로 한국에서 부동산 투자를 하려고 고민하던 중에 필자에게 간곡한 청과 함께 좋은 투자처를 상의해왔다.

옛 선조들이 궁핍했던 곡식 사정으로 매년 음력사월 춘궁기(春窮期)가 되면 가족들이 끼니를 연명하고 생계를 걱정해야만 했던 그 시절의 '보릿고개'가 집안 가장의 가장 큰 화두였던 것처럼, 그 당시는 혼기 찬 젊은이들이 결혼을 하면서 신혼집을 구하고, 자식들을 낳고 키우고 교육시키기 위해 몇 차례의 이사를 감행하고, 직장생활의 변변치 못한 수입을 절약하고 또 절약해서, 몇 년 내에 조그마한 자가주택(自家住宅) 한 채 마련하는 것이, 모든 이들의 인생 첫 번째 과업이라고 할 정도로 첫 집 장만의 '집고개' 시절이라고 할 수 있었다.

물론 지금 젊은층의 라이프 사이클상의 우선순위는 달라지고 있다고 하지만, 많은 젊은 가장들의 가장 큰 화두이자 투자에서의 관심 일순위는 여전히 내 집 마련임에 큰 변화가 없는 것 같다.

지인의 관심사와 투자 선호도를 감안해 결론적으로 과천 지역의 토지 투자를 추천하게 되었으며, 상속분 일부 금액의 투자금을 묻지도 따지지도 않고 땅에 꽁꽁, 10년 이상 장기간 묻어두기로 결정했다.

사실 그 당시 필자의 투자 주요 관심사는 토지가 아니었고, 많은 지식과 정보를 포함한 노하우가 있었던 것도 아니지만, 2005년 당시의 국정 핵심과제가 국가의 균형발전이었고, 지방균형발전사업의 일환이 '혁신도시건설', '기업도시 지정' 등이었으며, 또한 핫이슈 중 하나가 당시 과천에 자리 잡고 있던 정부청사의 신행정수도 이전이었기에, 지리적으로 강점을 지닌 과천의 향후 변화 모습은 누구에게나 관심이 있던 시절이었다.

그 당시 과천시는 부지의 90% 이상이 그린벨트에 꽁꽁 묶인 지역으로 대부분의 땅이 원형지 상태였기에 이로 인해 도시개발 및 성장에 한계가 있는 지역으로 땅값이 비교적 저렴하기는 했다. 하지만, 장기적 관점에서 도시의 가용면적이 부족해 그린벨트 해제의 가능성이 충분히 기대된다는 점, 지하철이 지나가고 교통망이 발달해 있다는 점, 서울의 중심지 강남과의 접근성이 우수한 지역이며, '과천지식정보타운' 등 지역 내의 개발호재가 확실한 점 등이 미시적 관점의 강점이자 기회적 요인이라고 판단되었다.

지인의 토지매입 직후, 강남 및 분당에서 시작된 아파트 가격 급등세가 강북 일부, 수도권 남부 지역까지 확산되는 등 주택 가격이 급등하고 투기 수요가 전국적으로 과열될 조짐을 보였고, 그 당시 참여정부가 부동산 거래의 투명화, 보유세의 강화, 양도소득세 중과를 통한 불로소득의 환수, 공영개발방식에 근거한 공급정책을 포함하는 '8. 31 부동산 대책'을 발표하면서, 부동산 시장은 유래 없는 온탕과 냉탕을 오가는 격변의 해프닝을 겪게 되기도 했다.

결과적으로 2005년의 투자 원금 2억 원은 14년이 지난 2019년 시세가 30억 원을 상회하는 시가가 되었고, 이 중에서 50%는 토지매도를 통해 투자금을 회수하고, 그 절반은 여전히 꿈결 속의 항해를 계속하고 있는 중이다.

돌이켜보면 14년 동안 다양한 격동의 부동산 이슈가 있었고, 이에 따른 부동산 정책, 그리고 관련된 세제 시스템은 꾸준히 변천해왔지만 땅, 그 힘의 원천은 뚝심 있게 묵묵하게 그만의 내공으로 격변하는 투자 환경의 질곡을 견디며 뚜벅뚜벅 여전히 제 갈 길을 가고 있는 듯하다.

부동산 투자 성공 재테크를 위한 주요 고려사항

- 수익성(Profitability)
- 안정성(Risk Minimization)
- 환금성(Return&Easy Exit)

투자의 주요 고려사항으로 수익성과 안전성은 그 어떤 투자를 불문하고 가장 먼저 거론되는 항목이겠지만, 부동산 투자의 경우 환금성은 무엇보다도 중요하다고 할 수 있다.

부동산이라는 투자 물건의 특성과 비교적 투자 규모가 큰 점을 고려할 때, 적절한 시기에 원활하게 매도할 수 있거나, 환금할 수 있는 대상에 투자하기가 그만큼 어렵기 때문일 것이다. 이 세 가지를 '투자 삼분법(投資三分法)'이라 칭하기도 하는데 즉, 얼마나 수월하게 적당한 시점에 투자 자금을 회수할 수 있느냐(유동성, 환금성)? 투자 수익률을 얼마나 올릴 수 있느냐(수익성)? 투자 위험의 정도가 얼마나 큰가(안정성)? 하는 점으로 설명될 수 있다. 이는 부동산 투자자 누구나 인지하고 있지만, 다시 한번 더 강조할 수밖에 없는 부동산 투자의 기본원칙일 것이다.

일반인들의 대표적인 투자 수단은 예금, 주식, 부동산 등이다. 일반적으로 은행예금의 경우 유동성과 안정성은 높지만 수익성이 떨어지며, 주식은 수익성과 유동성은 높지만 안정성이 약하다. 반면 부동산은 큰돈을 투자하고 큰돈을 벌 수 있는 재테크 수단으로는 좋지만 유동성 면에서는 치명적인 결점 또한 가지고 있다.

투자 삼분법을 역설적으로 말하면, 부동산 투자에 있어 수익성과 안정성, 그리고 환금성을 동시에 만족시키는 투자 대상을 찾는다는 것은 거의 존재하지 않거나, 또는 지극히 희소하다는 점을 새삼 반증한다고도 할 수 있을 것이다.

부동산 투자 시장, 미래가치가 있는 토지 투자

토지에 투자하는 가장 큰 목적은 현재의 이용 용도와 미래의 개발 가능성에 있다. 땅의 가치는 현재의 그 쓰임새와 미래 개발의 잠재력에 있으나 전 국토의 토지가 그 대상이 될 수는 없다. 땅의 힘, 미래가치가 있는 땅이란 과연 무엇이며, 투자 상품으로서 가치 있는 토지는 어떤 것일까?

토지 가격의 변동은 타 부동산 상품의 경우와 마찬가지로 토지의 공급과 수요의 상관관계에 의해 결정되며, 땅은 재생산이 불가능하고, 감가상각의 대상이 아니며, 땅의 현재 용도 그리고 미래의 그 이용 여하의 가능성에 따라 달라지며, 장래의 경제적 이익을 예측할 수 있는 경우에 지가는 기대가격으로서의 성격을 갖게 되는 속성이 있다.

기업의 장래에 대한 전망예측에 따라 현실의 주가(株價)가 변동하듯이, 땅의 가치는 그 땅의 현재 토지이용의 가능성과 미래의 토지이용계획에 따라 달라지며, 이는 부동산 토지 시장의 가장 근간이 되는 하나의 지표이자 동시에 투자 또는 투기의 대상으로서 항상 큰 관심과 투자 우선 순위가 되어왔다.

명리(命理)적 표현을 빌려 우스갯소리의 다른 풀이를 하자면, 땅의 팔자(八字)에 따라 땅 임자의 팔자(八字)도 천지만별(天地萬別)의 차이가 있지 않을까?

미래가치가 있는 땅,
향후 개발 가능한 땅은 5~7% 정도에 불과하다

부동산 시장에서 토지가 갖는 매력은 생산 불가능한 한정된 토지자산의 희소성에 있으며, 이에 따르는 토지의 투자 상품가치는 과연 어느 정도인지에 항상 그 초점이 맞추어지게 되는데, 과연 그렇다면 미래가치가 있는 투자 가능한 토지의 규모는 어떻고, 과연 어떤 땅인가? 이를 파악하기 위해서는 우선 국토의 전반적 토지이용을 결정하고 있는 프레임과 그 메커니즘을 파악해야 할 것이다.

국토의 토지이용과 관련한 중요한 지침으로는 국토개발의 총체적 마스터플랜인 국토종합계획의 장기적 관점에서의 기본 방향과, 국토이용을 계획하고 조장하고 규제하는 '국토의 계획 및 이용에 관한 법률'상의 광역도시계획, 도시관리계획, 도시기본계획이 미래개발계획의 나침반 역할을 한다.

광역도시계획은 광역계획권 대상의 장기발전방향을 20년 단위로 수립하는 장기적인 전략계획이며, 도시관리계획은 용도지역·지구의 지정 및 변경과, 개발제한구역, 도시자연공원구역, 시가화조정구역 등의 지정 및 변경, 도시개발사업, 도시정비사업, 지구단위계획 등의 지정 및 변경 등을 규정하고 있다. 도시기본계획은 해당 지역의 기본적인 공간구조와 장기발전방향을 제시하는 종합계획으로서 도시관리계획 수립의 지침이 되는 계획이다.

제5차 국토종합계획(2020~2040년)에서 제시하고 있는 용도지역은 농림지역(46.5%), 관리지역(25.6%), 도시지역(16.6%), 자연환경지역(11.3%)

등으로 구분이 된다.

대부분의 국민(91.8%)이 거주하는 도시지역은 전체 국토면적 중 16.6%에 불과하며, 도시지역을 다시 용도지역별로 나누면 녹지지역 (71.70%), 주거지역(15.03%), 공업지역(6.63%), 미지정지역(4.77%), 상업지역(1.88%)으로 구분되고, 지목별로는 임야 63.5%, 농지 19.4%, 공장용지 및 공공용지 등의 도시적 용지는 11.0%를 차지하고 있다. 즉, 도시지역이라고 모두 개발이 되거나 미래에 개발 가능성이 있는 지역은 아니며, 도시적 용지(11.0%)를 기준으로 하고, 녹지의 그 절대적 면적을 감안한다면, 토지 시장에서 향후 투자할 만한 땅은 5~7% 수준 내지는 그 이하 정도에 불과한 상황이다.

상승일변도의 지가변동 추세, 땅값은 떨어지지 않는다

전국의 평균 토지 가격은 과거 50년(1964~2013년) 동안 경이적인 오름세(2,976배)에 이어 최근 10년간(2009~2018년)의 전국 지가변동률도 여전히 상승세(표준지가 기준 4.7배) 일변도의 양상을 보이고 있다.

토지의 소유 현황으로는 2017년 기준 전 국민의 32.6%가 토지를 소유하고 있으며, 토지 소유 상위 10%가 전체 사유지의 77%를 소유하고 있고, 토지 소유 상위 1%가 31.7%를 소유하고 있는 것으로 나타나고 있다.

지가의 급속한 상승은 고도성장기 시절의 공공투자에 의한 건설사업, 민간기업의 설비투자로 인한 공장건설, 주택용지 등의 건설분야에서의 활발한 투자에 의해 조성된 것이었으나, 한편으로는 국민경제 전체의 자금흐름을 심하게 왜곡함으로써 자본의 생산성을 크게 떨어뜨리기도 하며, 토지의 적정한 이용을 저해하고, 원활한 도시계획을 불가능하게 하기도 한다.

땅은 인간의 힘으로 생산할 수 없는 유한한 자원이며, 모든 활동의 기반이 된다. 그래서 효용성이 높고 미래가치가 높은 땅을 소유하고 있다면 부동산 투자자로서는 가장 이상적이고 부유한 자(者)라는 등식이 성립할 수 있다. 이는 단지 개인의 이야기만이 아니라, 기업의 이야기이기도 하다. 의도했건 그렇지 않건 기업 역시 쓸모 있는 토지자산을 많이 보유하고 있는 기업이 앞으로의 사업전개에 있어서도 무한한 경쟁력을 발휘할 수 있는 기회가 그만큼 많다는 것이다.

결론적으로, 미래에 개발 가능성이 있는 땅, 미래가치가 더 있는 땅, 그래서 투자 상품으로서의 가치가 있는 땅은 바로 그 땅의 밑그림이 어떻게 그려져 있고, 또한 그려질 수 있으며, 그 그림 완성에 있어 과연 각 단계의 어느 시점에서 적절한 투자 타이밍을 잡는가에 따라 땅 투자의 승패가 달려있다고도 할 수 있을 것이다.

부동산 사업개발 및 공간개발, 사업화 단계의 핵심과제

사업개발 및 공간개발 프로세스와
투자 유치의 핵심과제

국내외의 투자 유치를 희망하는 수많은 프로젝트

그때도 그랬고, 지금도 그렇지만, 우리나라 땅에는 적절한 지원의 손길이 필요한 수많은 부동산 사업개발 및 공간개발과 관련한 중대형 프로젝트가 전국에 산재해 있다. 프로젝트의 주인(Owner)은 지자체 및 공공기관을 비롯해 대기업, 중소기업까지 다양하며, 그들 프로젝트의 유형 역시 상업용 부동산과 산업용 부동산, 호텔 및 관광·여가형 프로젝트에 이르기까지 다양한 부동산 개발의 성격을 가지고 있다.

이들 중 어떤 경우는 개발계획수립과 인허가과정을 완료하고도 멈춰선 채 여전히 개발 예정인 프로젝트도 있고, 보다 심각한 경우는 개발이 착수되고 인프라시설과 공사가 한창 진행되다가 중단된 채로 수년 또는 더 오랜 기간 동안 골칫덩이로 전락해 있는 경우도 있다.

일정 규모 이상의 중대형 부동산개발 프로젝트는 기획·계획 단계와 인허가과정 단계부터 공사 착공과 준공 그리고 오픈까지 수십 번의 계획수정과 변경, 초기 예정했던 지표와 실행단계에서의 상황변화, 원활치 못한 자금흐름 등의 다양한 질곡과 우여곡절을 겪으며 완공되고 완성되는 것이 드문 경우도 아니다. 하지만, 기 투입된 투자 비용과 실행비용이 만만치 않았고, 진행 중단 이후 연간 수십억 원 규모가 넘는 이잣돈을 비롯해서 채무마저 차곡차곡 쌓여가는 경우는 그 문제가 심각해진다.

투자 시장에서 프로젝트의 상품성과 투자 가치

부동산 사업개발에서 사업주체가 자금을 전액 출자하거나 금융권으로부터의 파이낸싱을 통해 프로젝트를 진행하는 방식과 비교해서, 다양한 투자 그룹을 대상으로 그 규모가 크거나 작거나 투자 유치를 통해 프로젝트를 진행해야만 하는 경우는 초기의 사업구조와 비즈니스 모델링 자체가 차이날 수밖에 없다. 모든 사업의 주 목적이 결과적으로 사업의 성공적 수행과 그에 따르는 사업 자체의 양호한 수익성에 있듯이, 투자자 관점에서는 무엇보다도 투자 대상에 대한 투자 상품가치가 가장 중요한 관심 대상이 될 수밖에 없을 것이다.

투자 유치 성공을 위해서는 무엇보다 투자자 관점에서의 의사결정과정의 이해와 투자자들이 가장 중요시하는 고려사항이 무엇인지를 파악하고, 이에 부합되게 투자 유치 대상사업의 상품성을 강화하는 것이 가장 중요할 것이다. 이러한 관점에서 투자 유치 프로젝트의 주요 고려사항과 핵심과제, 수행 프로세스상의 주안점, 마케팅 실행전략과 구체적 사업전략 등과 관련한 주요 사항을 정리해보고자 한다.

투자 유치 프로젝트의 대전제와 과제

투자 유치의 대명제

- 투자 상품가치 및 적정수익률 추구(Financial Return Maximization)
- 프로젝트 위험의 최소화(Risk Minimization)
- 사업실행이 용이한 개발(Easy Implementation)

핵심과제의 실행

- 프로젝트의 상품성 강화
- 전략적 비즈니스 모델 정립
- 최적의 셀링포인트(Selling Point) 도출 및 실행
- 최적의 마케팅전략 및 실행

투자 유치 관점에서의 투자 상품가치

투자 수익성 측면

- 투자 수익성은 담보되는가?
- 사업의 시장성과 시장규모는 안정적이고 충분한가?
- 사업의 재무적 타당성은?
- 여타 경쟁사업 및 프로젝트 대비 비교우위의 투자 상품인가?

리스크의 최소화 측면

- 사업초기 단계에서의 인허가 리스크는 없는가?
- 시장의 변동성은 없는가?
- 사업 진행단계에서의 프로젝트 리스크는 없는가?

사업실행의 용이성 측면

- 투자의 베스트 타이밍(Best Timing)인가?
- 안정적이고 원활한 사업추진 및 일정으로 진행될 수 있는가?
- 사업주체의 사업실현 의지와 투자 유치 의사는 확실한가?

구체적 투자 유치 대상 상품의 구성

투자 유치 대상 프로젝트의 구조와 성격을 고려하여 과연 무엇을 어떻게 상품화할 것이며, 또한 프로젝트 타깃그룹에 적합한 마케팅전략 수립과 관련하여 구체적 상품구성과 딜 스트럭처링은 언제나 중요한 관점이다.

중대형 규모의 부동산 사업개발 프로젝트임을 감안한다면 잠재적 투자 타깃그룹은 그 대상이 전략적 투자자와 재무적 투자자가 될 수도 있으며, 프로젝트 디벨로퍼, 개별시설 투자자, 운영시설 투자자, 앵커(Anchor) 시설 및 키 테넌트(Key Tenants), 개별시설 사업자일 수도 있다. 경우에 따라서는 프로젝트의 전략적 파트너일 수도 있으며, 또한 투자 대상 프로젝트의 성격과 투자 유치 희망 주체의 사업구도에 따라 단일 또는 복합적 투자 형태가 될 수도 있을 것이다.

투자 유치 프로젝트의 마케팅 첫 단계에서 가장 중요한 것은 무엇보다도 적절한 핵심 타깃기업의 선정이며, 이들 잠재투자기업의 선호도와 정확한 요구사항을 바탕으로 최적의 투자 구조 및 조건들을 도출하는 것이 중요하다.

투자 유치 마케팅에는 다양한 방법이 있을 수 있지만, 무엇보다도 성공 가능성이 높은 면대면 마케팅(One on One IR)을 통한 마케팅실행이 무엇보다 중요하다.

투자 유치 및 마케팅 실행전략

핵심과제 I : 투자 유치 대상의 산업 및 투자 환경 분석과 투자 상품 강화

투자 유치시설 산업특성분석 및 시장분석

• 산업유형 특성, 개발모델, 최근 동향 및 트렌드 분석
• 투자 유치시설의 국내외 시장분석
 - 사업현황 및 운영방식
 - 이용특성 및 수요분석
 - 국내외 사례조사
• 시장 및 경제적 타당성
 - 시장 타당성(Market Feasibility)
 - 경제적 타당성(Financial Feasibility)
 - 투자수익률(ROI) & 자기자본이익률(ROE) 분석
 - 딜 스트럭처 & 투자 가이드라인

핵심과제 II : 핵심 타깃기업 선정 및 투자 조건 도출

국내외 투자자, 개발사업자, 운영사업자 리스팅(Listing)

- 마케팅 기본구도 설정 및 타깃기업 선정 프로세싱
- 잠재적 국내외 투자자, 개발사업자, 운영사업자 프로파일링
- 그룹핑(Grouping) & 포지셔닝(Positioning)
- 롱 리스트(Long List) 작성 및 스크리닝(Screening)

핵심 투자 타깃기업 선정 및 DB 구축/관리

- 잠재후보기업군
- 지속관리기업군
- 타깃기업군

타깃기업 선정 및 프리사운딩(Pre-sounding)

- 잠재투자기업 동향분석
- 프리사운딩 & 잠재 타깃기업 요구도 조사 및 분석
- 숏 리스팅(Short-listing) & DB 구축

핵심 투자 타깃기업 분석 및 요구도 분석

- 사업현황, 사업모델, 재무적 현황 등 분석
- 제시된 조건에 대한 타당성 검토 및 피드백
- 최적의 투자구조 및 조건 도출

투자 유치 대상별 사업실행전략 구상

- 마스터 디벨로퍼(Master Developer)
- 슈퍼블럭 디벨로퍼(Super Block Developer)
- 블럭 디벨로퍼(Block Developer)
- 개별시설 투자자(Core Anchor, Anchor, 기타 개별시설)
- 전략적 투자자(Strategic Investor)
- 재무적 투자자(Financial Investor)

투자 유치 시설별 사업실행전략 구상(안)

- 투자자 & 테넌트
- 개발사업자 & 운영사업자
- 주요시설 운영자 및 부대사업 투자자
- 개별시설 투자자 및 임차자 등

마스터플랜 검토 및 투자자 요구사항 수용 검토

- 투자자 요구사항 분석 및 물리적 타당성 검토
- 시장 및 유치여건 변화에 따른 수정 마스터플랜

투자의사결정을 위한 기대수익률

- 세전 내부수익률(Pre-tax IRR)
- 투자회수기간(Pay Back Period)
- 자본환원률(Cap Rate)
- 프로젝트 투자수익률(ROI), 자기자본 이익률(ROE)
- 인센티브 프로그램(Incentive Program) 등

핵심과제 Ⅳ : 핵심 투자 요인 분석 & 투자 유치 및 마케팅 실행

핵심 투자 타깃기업 대상 프리마케팅(Pre-Marketing) 실행
- 잠재투자자 대상 프리사운딩 & 요구도 분석
- 최적의 투자 구조 및 조건 도출
- 투자 대상별 사업모델제안
- 타깃기업 대상 면대면 마케팅

투자 유치 활동계획 수립 및 실행
- 핵심 타깃 투자자 숏 리스팅
- 우선협상 대상자 선정 및 마케팅

잠재적 투자 희망 기업별 핵심 투자 요인 분석
- 투자 세부조건 검토 및 투자 금액 도출
- 계획규모, 개발컨셉, 개발 및 운영방식, 사업구도
- 토지 공급가, 시설 공급가, 투자 인센티브

핵심 투자 타깃기업의 의사결정 포인트 검토
- 투자의사결정 과정의 세분화
- 과정별 투자 요인과 시나리오별 핵심요인 분석
- 타깃 기업별 협상 단계별 협상 포인트 분석

마케팅 실행 및 LOI/MOU 준비 및 체결, 투자 유치 실행
- 프로젝트의 상품성 강화
- 전략적 비즈니스 모델 정립
- 최적의 셀링포인트 도출 및 실행
- 최적의 마케팅전략 및 실행

각 단계별 과업을 준비하고 실행하면서 기본요건이자 최우선 과제는 투자 유치 대상인 자체 프로젝트의 상품성을 강화하고 투자 유치 시장에서 경쟁력을 갖추는 일일 것이다.

　투자 유치를 통해 안정적이고 용이한 사업개발을 하고자 하는 프로젝트의 성격과 규모는 무수히 다양하고, 그 대상 사업마다의 다양한 변수가 있을 수 있다. 그렇지만 국내외의 투자 유치 실현을 위한 마케팅 과정에서 무엇보다도 중요한 것은 투자 상품의 전략적 비즈니스 모델들을 구성하고, 최적의 마케팅 셀링포인트를 도출해 상호 윈윈할 수 있는 적절한 투자 구도에 따른 마케팅 실행이야말로 투자 유치 성공을 위한 핵심과제라고 할 것이다.

사업개발과 투자 유치 마케팅,
핵심성공요인(KSF)의 도출

전략적 투자 유치 마케팅의
핵심성공요인(Key Success Factor)

국내 부동산의 개발사업에 투자 가능성이 있는 투자자는 각 영역에서 해외 투자 경험이 많은 외국계 다국적기업과 국내의 전략 및 재무적 투자그룹, 국내의 대기업이 될 것이다. 이들 기업들은 한국뿐 아니라 세계 전역에 걸쳐 투자대상을 물색하고 이들 후보지들을 객관적인 판단기준에 의해 평가해서 최종 투자 여부를 결정한다.

따라서 이들의 투자 유형과 선호도, 투자 전략 및 투자 능력들을 감안한 투자 유치의 적절하고 정확한 셀링포인트를 파악하고 최적의 투자 유치방안을 도출해 수요자 맞춤형의 전략을 구사하는 것이 필요하다.

대규모의 투자 유치, 다양한 유형의 투자자를 복합적으로 고려하는 경우 양호한 조건의 핵심 선도사업시설 투자 유치를 우선적으로 실행함으로써 사업의 안정적 구조를 확보한 다음, 그와 관련한 서브 앵커의 투자를 용이하게 함은 언제나 필요한 마케팅의 필수전략이라고 할 수 있다.

핵심성공요인(KSF)의 실행

KSF 1 : 기업역량 및 수행사업 분석을 통한 셀링포인트의 도출
- 주요 핵심타깃기업 선정과 구체적 마케팅전략 도출 및 실행
- 타깃기업의 내외부 역량과 기존 수행사업 분석
- 셀링포인트의 도출 및 실행

KSF 2 : 시장분석을 통한 기업맞춤형 유치
- 타깃기업들의 투자 전략 및 투자 능력 분석
- 투자 조건 분석에 따른 대응전략 수립 및 실행
- 타깃기업 대상 최적의 투자 유치 방안수립 및 실행

KSF 3 : 프로젝트 대상 선도사업 시설유치
- 핵심사업 및 앵커 기업유치를 통한 서브앵커의 투자 유도
- 투자 유치를 위한 탄력적 대응전략 검토

KSF- 4 : 수요자 맞춤방식의 투자 유치전략 수립 및 실행
- 투자자 요구도(Needs) 분석을 통한 유연한 투자구도 확립
  (토지분양 및 임대, 시설투자 및 건설투자 등)
- 투자 유치를 위한 다양한 사업구도 제안(Joint Venture 및 SPC 설립)

KSF 5 : 구체적 상품구성과 사업구도 도출 및 투자 유치
- 프로젝트의 상품구성, 딜 스트럭처링
- 투자 유치 가이드라인 설정
- 정부 및 지자체 등 지원사항 도출 및 해결
- 투자자 대상의 유연한 인센티브 프로그램 전략 등

투자 유치를 위한 마케팅 자료의 핵심 사항

　투자 유치를 위한 마케팅 관점에서 무엇보다 중요한 것은 프로젝트의 정보와 사업의 타당성 및 사업성을 제시하고 제공하는 투자 유치용 프로젝트 안내자료(Fact Material)일 것이다. 국내외적으로 공신력 있는 기관에서 수행한 사업타당성 보고서는 투자 유치를 위해서 잠재투자가들에게 프로젝트의 신뢰를 줄 수 있으므로 매우 중요하다.

　비록 개발사업에 투자를 결심한 투자자의 경우 다시 세밀한 사업타당성 분석을 자체적으로 실시하는 것이 일반적이다. 하지만, 투자 유치를 위한 팩트 북(Fact Book)은 프로젝트의 계획내용과 대상지의 잠재력과 관련 시장의 잠재력, 사업상의 수지분석 내용을 담는 것은 물론이고, 투자 유치를 통한 사업의 기본구도, 프로젝트의 구체적 인센티브(Incentives for the project)와 파이낸셜 하이라이트(Financial Highlights), 투자 가이드라인을 반드시 담아야 한다는 점이 일반 마케팅용 자료와는 다른 점이다.

　또한 정부 또는 지자체가 실행하는 프로젝트의 경우 일반 기업들에 비해서 상대적으로 안정적인 사업실행을 보증할 수 있으며, 사업실행 보증뿐만 아니라 각종 인센티브의 제공으로 사업시행 초기의 부담과 위험도 상당 부분 흡수할 수 있을 것이며, 이러한 장점 역시 상세하게 기술되어져야 한다.

투자 유치 관점의 재무적 타당성

국내외 투자자 유치를 위해서는 국내의 타 부동산 상품은 물론 국제적으로 비교우위를 가지는 투자 여건과 수익률을 보장해주는 것이 필수적이다. 프로젝트 사업성은 프로젝트 및 투자비에 대한 수익성을 분석 제시할 수 있어야 하며, 일반적인 사업타당성 분석과는 달리 외국인 및 내국인 투자가가 항상 접하는 국제적 기준을 만족하는 현금흐름 프레임(Cash Flow Frame)에 의거해 제시되어야 하며, 일반적 사업성 보고서의 형식과 양식으로는 부족한 점이 많을 수 있다.

특히 마케팅 실행단계 이전에 사업의 기술적, 경제적 타당성 측면에서의 구체적 시장규모, 수익시설 도입가능성 및 타당성 등과 함께 신뢰성 있는 데이터와 명확한 자료출처가 명시되어 있는 사업의 재무적, 경제적 타당성 등의 객관적이고 국제적 기준에 따르는 전문화된 방식의 프레임은 필수적이다.

프로젝트의 사업성(Project IRR)과 자본금 수익률(Return on Equity)

사업의 수익성 관점에서는 프로젝트의 수익률, 자본금 수익률, 부채상환능력비율(운영이익 및 부채상환율), 총 투자비 회수기간, 자본금 투자회수기간 및 회수방안이 구체적으로 기술되어야 한다.

투자비 산정과 자금조달 및 운영계획에는 토지비용 및 토지 임대료, 건설비용(Hard Cost & Soft Cost), 금융비용, 투자 일정과 신뢰성 있는 자금조달 및 운영계획도 기본적으로 명시되어야 한다.

특히, 개발 및 운영단계의 주체 구성방안은 구체적인 참여구도와 딜 스트럭처, 공공기관의 참여, 국내외 파트너사 등을 구체화해 프로젝트 자체의 평가와 함께 공신력을 확보하기 위한 측면에서는 큰 이점이 될 것이다.

사업의 수익성과 투자자들의 요구사항을 참고해 사업주체의 입장에서 가능한 투자 구도를 도출하고, 도출된 투자 구도는 다수의 가능한 대안으로서 사업주체의 상황, 향후 계획과 연계되어 제시되어야 하며, 또한 잠재 투자가들에게 제안할 수 있는 구체적인 사업구조와 함께 프로젝트의 일반적인 수익성뿐만 아니라, 제안된 사업구조에 의한 수익구조 역시 구체적으로 분석되고 제시되어야 한다.

차별화된 투자 유치전략

일반적인 기존의 투자 유치방법이 개발계획 수립과 이에 따른 인허가 과정까지 완료되고, 마케팅 대상의 상품과 시설종류, 규모와 입지까지 확정된 상황에서 투자자 유치를 진행하는 경우가 많아 선택의 폭이 좁아지고 투자기업의 요구사항 반영과 이에 대한 대처가 원활하지 못하고 탄력적이지 못한 경우가 많다.

이러한 점을 고려하고 극복하기 위해서는 프리사운딩(Pre-Sounding)

을 포함한 투자기업대상 사전마케팅 과정을 거쳐 타깃기업의 요구사항이 반영된 투자 상품, 유연한 투자 구도 설정, 탄력적 계획안을 수립할 수 있도록 하고, 이를 통해 사업주체와 잠재 투자기업 상호간의 보다 실효성 있는 전략구사와 사업리스크 절감도 유익한 전략의 한 방법일 것이다.

완성도 높은 사업화를 위한 제언

한번은 투자 유치를 전문으로 하는 국가기관과 함께 각 지자체에서 선정해서 제출된 투자 유치 우선 희망프로젝트를 대상으로 프로젝트의 잠재력과 투자 가능성을 함께 검토한 적이 있는데, 그 프로젝트들은 각 지자체에서는 하나같이 실행의 주요과제이자 반드시 내·외자 유치를 통해 실현되기를 원하는 소중한 프로젝트들이었다.

결론적으로, 100여 개가 넘는 프로젝트들 중에서 다음 단계인 예비 사업 타당성검토 및 투자 유치전략 수립단계까지 진행된 프로젝트는 10%에도 미치지 못하는 고작 3~4개 정도였다.

각 지자체에서 제출된 대다수 프로젝트는 수요·공급의 논리와 일반적 개발관점으로는 충분히 가능성이 있다고 판단되어 나름의 준비과정과 인허가 과정을 거쳐 선정된 공공 및 민간 프로젝트들이었다.

지극히 엄격하고 까다로운 투자 시장에서는 상품성 측면에서 또는 잠재적 타깃그룹 대상의 마케팅 관점에서는 셀링포인트와 프로젝트의 성격에 적합한 사업구도와 구체적 사업구조를 도출해내기에는 안타깝

게도 부족함이 많은 부동산 개발사업 프로젝트들이었다.

일정 규모 이상이 되는 그 어떤 프로젝트도 사업주체만의 능력과 자체 컨텐츠만으로 단지구성과 공간프로그램 전체를 완성하기는 지극히 어려우며, 재원조달 역시 사업주체의 순수 자체 자본금만으로 프로젝트를 완결하기가 쉽지 않은 것이 현실이다.

비록 다양한 사업적 물리적 조건과 변수가 있어 쉽게 적용하기는 힘들 수도 있겠으나, 프로젝트의 구체적 사업모델을 설정해 사업화 전 과정에서의 단지계획 구상, 투자 유치 시나리오와 상품화 방안, 구체적 셀링포인트의 도출, 사업구도상의 구체적 사업구도의 모델개발과 관련한 시뮬레이션을 소개하고자 한다.

지금 현재 이 시점에서도 우리나라의 많은 지역과 사업개발 현장에서는 엄청난 시간과 노력을 기울여 비록 어렵게 태동(胎動)은 했지만 계속 진행되지 못하고 마케팅 및 투자 유치 관점의 방법과 기술이 부족해서 멈춰진 소중한 프로젝트들이 참 많이도 존재한다.

사업주체의 입장에서는 프로젝트의 재무적 안정성과 재원조달을 목적으로 다양한 형태의 투자 유치는 필요한 법이다. 이는 단순히 외부로부터 지원을 받는다는 필요성과 편의성 그 이상을 넘어, 타인자산을 잘 활용함으로써 양질의 수준 높은 완성도 있는 프로젝트를 기획하고 제작하여 완결한다는 측면에서 필수불가결한 요소라고 할 수 있을 것이다.

투자 유치 제안서(Offering Memorandum)의 주요 목차

프로젝트 요약(Executive Summary)

이 부분에서는 프로젝트에 대해 투자자들이 쉽게 이해할 수 있고 투자자들의 관심사항들에 관해서 핵심내용을 간결히 표현해야 한다.

시장 및 타깃지역(Market and Targeted Area Overview)

프로젝트 대상지역과 타깃시장에 대한 이해는 각각의 지역에 대해 잘 모르는 제3자들에게도 그 지역을 이해시키는 부분이다. 특히, 국내 지역사정을 전혀 모르는 외국투자자들이 그 지역시장을 이해하도록 하는 것은 매우 중요하다.

프로젝트 세부사항(Project Description)

프로젝트 대상 지역에 대한 이해가 있은 후에는 개별 프로젝트에 대한 자세한 정보를 제공해서 잠재투자자로 하여금 자신들의 투자 계획에 적합한 프로젝트인지 판단하고 결정할 수 있도록 유도한다.

- 프로젝트 개요(Overview)
- 프로젝트 상세내용(Project Description)
- 마스터플랜(Master Plan)

재무의 하이라이트(Financial Highlights)

프로젝트 완공 후 어떠한 방법으로 운영될 것인지, 어떠한 투자 수익이 기대되는지, 또는 투자금에 대한 지급보증 수단 등에 관해 가능한 자세하게 언급해야 한다.

- 현금흐름분석 가정치(Assumptions to the Cash Flow)
- 재무계획(Financing Plan)
- 투자 비용(Investment Cost)
- 투자 수익 및 운영 수익(Return on Investment & Operating Profit)
- 내부 수익률 및 순현재가치(IRR & NPV)
- 자금흐름 프로 포마(Cash flow Pro Forma)

투자 가이드라인

- 투자 가이드라인(Investment Guideline)
- 프로젝트 프로포넌트(Potential Project Proponents)
- 딜 스트럭처 대안(Deal Structure Alternatives)
- 투자자 개런티 내용(Guarantee Method for Investor)

사업화 단계의 개발전략과 모델 프로젝트

차별화된 투자 유치전략(모델 프로젝트)		
프로젝트명	워터프론트(Water Front) 및 레저 데스티네이션 (Leisure Destination) 테마파크 개발	
위치 및 면적	서해안 수도권 지역, 약 60만 평	
프로젝트 주요 목적	• 투자 유치의 실현을 통한 수익성 있는 사업개발 • 투자기업 요구사항을 반영한 기본계획수립과 토지공급방안 • 수익형 투자 상품 개발과 선도사업 투자 유치 실현	**주요 타깃 투자자** • 선도시설 및 핵심시설 유치 • 개별시설 투자자 유치 • 재무적 투자자 유치 • 전략적 투자자 유치 • 건설 투자자 및 운영 투자자 유치
프로젝트 주요 과제	• 투자 유치를 통한 프로젝트의 사업성 제고 • 프로젝트 투자 구도 및 구체적 딜 스트럭처 • 수도권 배후수요와 해외관광객 타깃시설 도입 • 경쟁력 있는 광역형 앵커시설 도입으로 광역수요 창출 • 차별화된 시설도입 및 프로그램 믹스	• 슈퍼 앵커(Super Anchor) 유치 • 코어 앵커(Core Anchor) 유치 • 서브 앵커(Sub Anchor) 유치

차별화된 투자 유치전략(모델 프로젝트)

프로젝트 개발 가능성 검토	대상지의 키워드			개발 가이드라인		
	해양성	명소성	지역성	배후시장규모	시장성	목표 소비계층
	테마화	가치화 & 복합화	지속성 및 재투자성	차별성 (Differentiation)	독창성 (Unique)	독자성 (Identity)

개발 컨셉	레저 + 쇼핑 + 휴양 + 어뮤즈먼트가 어우러진, 차별화되고 강력한 앵커시설의 집합화에 의한 데스티네이션 어반 리조트(Destination Urban Resort) 개념의 **워터프론트 시티 개발**

공간조성 및 도입시설	IPA 퀸즈호 선상 테마파크 존	M-시티 존 (M-City Zone)	트로피컬 아일랜드 존 (Tropical Island Zone)	차이나타운 존 (China Town Zone)
	테마파크 존 Sega / 테디베어 / 키자니아 / 뽀로로 파크	UEC 존 오픈 에어 스트리트 몰 / 프리미엄 아울렛	호텔 및 스파 존 워터프론트 컨퍼런스 호텔 / 리조트 & 스파	마리나 존 마리나 / 요트클럽 / 클럽콘도

선도사업 투자 유치를 위한 세부 전략

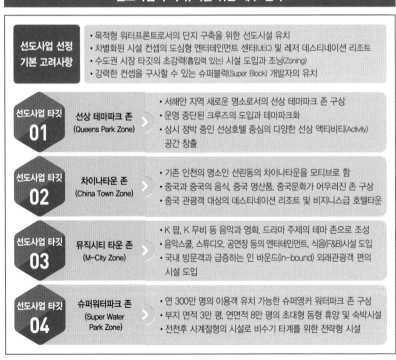

선도사업 선정 기본 고려사항	• 목적형 워터프론트로서의 단지 구축을 위한 선도시설 유치
	• 차별화된 시설 컨셉의 도심형 엔터테인먼트 센터(UEC) 및 레저 데스티네이션 리조트
	• 수도권 시장 타깃의 초강력(흡입력 있는) 시설 도입 및 조닝(Zoning)
	• 강력한 컨셉을 구사할 수 있는 슈퍼블록(Super Block) 개발자의 유치

선도사업 타깃 01	선상 테마파크 존 (Queens Park Zone)	• 서해안 지역 새로운 명소로서의 선상 테마파크 존 구상
		• 운영 중단된 크루즈의 도입과 테마파크화
		• 상시 정박 중인 선상호텔 중심의 다양한 선상 액티비티(Activity) 공간 창출

선도사업 타깃 02	차이나타운 존 (China Town Zone)	• 기존 인천의 명소인 선린동의 차이나타운을 모티브로 함
		• 중국과 중국의 음식, 중국 명산품, 중국문화가 어우러진 존 구상
		• 중국 관광객 대상의 데스티네이션 리조트 및 비지니스급 호텔타운

선도사업 타깃 03	뮤직시티 타운 존 (M-City Zone)	• K 팝, K 무비 등 음악과 영화, 드라마 주제의 테마 존으로 조성
		• 음악스쿨, 스튜디오, 공연장 등의 엔터테인먼트, 식음(F&B)시설 도입
		• 국내 방문객과 급증하는 인 바운드(In-bound) 외래관광객 편의 시설 도입

선도사업 타깃 04	슈퍼워터파크 존 (Super Water Park Zone)	• 연 300만 명의 이용객 유치 가능한 슈퍼앵커 워터파크 존 구상
		• 부지 면적 3만 평, 연면적 8만 평의 초대형 돔형 휴양 및 숙박시설
		• 전천후 사계절형의 시설로 비수기 타게를 위한 전략형 시설

선도사업 유치와 도입시설 프로그램

구분		주요시설	개발컨셉 및 고려사항	시설 규모 (연면적)
앵커 A	선상 테마파크 존	선상 부티크 호텔, 식음(F&B)시설, 선상공연장, 해양 및 선상 주제의 테마파크 등	• 상시 정박 형태의 크루즈 및 여객선을 활용 • 선상 부티크 호텔 및 선상 테마파크형으로 조성	50,000㎡
앵커 B	M 시티 존	뮤직&무비 시티 음악 스쿨, 음반 제작 스튜디오 한류야외 공연장 공연기획 벤처센터, 식음(F&B)시설 등	• K-팝과 K-무비 등의 주제로 구성된 도심 엔터테인먼트 개념의 몰 형태와 부속시설로 구성되는 존 • 스타리움, I-Max 등 초대형 스크린 상영관 등 도입	100,000㎡
앵커 C	차이나타운 존	테마 쇼핑몰, 식당가, 테마 거리	• 중국, 중국인, 중국음식, 중국 명산품, 중국의 문화가 주제가 되는 테마형 쇼핑몰과 식당가 등으로 테마거 리조성	부지면적 200,000㎡
앵커 D	트로피컬 아일랜드 존	워터파크 존, 식음(F&B) 존 엔터테인먼트 존, 공공시설	• 돔형태의 테마형 워터파크 시설 • 4계절 운영 및 차별화된 프로그램으로 구성되는 유럽형 워터 테마파크	최소 부지면적 66,000㎡

타깃 1	타깃 2	타깃 3	타깃 4	서브 타깃 1	서브 타깃 2
선상 테마파크 존	차이나타운 존	M 시티 존	트로피컬 아일랜드 존	테마파크 존	타운센터 존

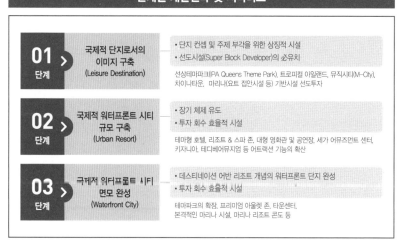

중국 COSCO해운 중국 PENAVICO 해운 SK, 대림해운 등	중국 만객(万科, Wanke) 중국 X기업	국내 C 사 국내 L 사	트로피컬 아일랜드 리조트	세가사미 홀딩스 산리오 엔터테인먼트 (주)테디베어뮤지엄	국내 투자자 및 화교

단계별 개발전략 및 시나리오

01 단계 > 국제적 단지로서의 이미지 구축 (Leisure Destination)
- 단지 컨셉 및 주제 부각을 위한 상징적 시설
- 선도시설(Super Block Developer)의 必유치

선상테마파크(IPA Queens Theme Park), 트로피컬 아일랜드, 뮤직시티(M-City), 차이나타운, 마리나(요트 접안시설 등) 기반시설 선도투자

02 단계 > 국제적 워터프론트 시티 규모 구축 (Urban Resort)
- 장기 체제 유도
- 투자 회수 효율적 시설

테마형 호텔, 리조트 & 스파 존, 대형 영화관 및 공연장, 세가 어뮤즈먼트 센터, 키자니아, 테디베어뮤지엄 등 어트랙션 기능의 확산

03 단계 > 국제적 워터프론트 시티 면모 완성 (Waterfront City)
- 데스티네이션 어반 리조트 개념의 워터프론트 단지 완성
- 투자 회수 효율적 시설

테마파크의 확장, 프리미엄 아울렛 존, 타운센터, 본격적인 마리나 시설, 마리나 리조트 콘도 등

딜 스트럭처 대안 I

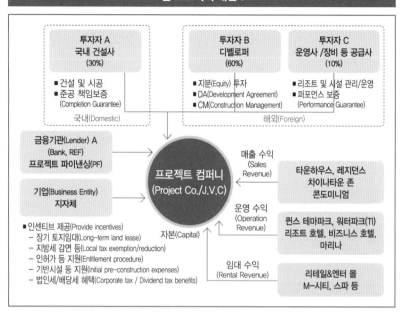

딜 스트럭처 대안 II

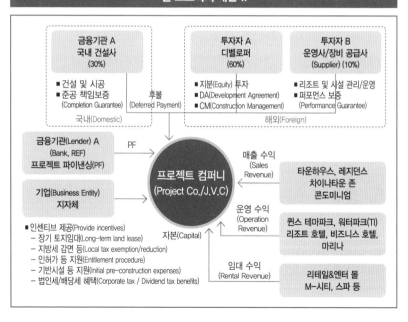

신규 컨텐츠 유치를 위한 사업구조 모델 I

워터파크
(Water Park)

트로피컬 아일랜드
(Tropical Island)

+

부동산 투자은행
(Real Estate
Investment Bank)

신규 프로젝트 및 컨텐츠

전략적 투자자(SI) +
재무적 투자자(FI)

AMC

부동산 펀드(REF)

신규 컨텐츠 유치를 위한 사업구조 모델 II

해외 클럽 리조트
운영 / 개발사

+

해외 / 국내 호텔
운영사

+

타임쉐어 콘도
(Time Share Condominium)
디벨로퍼

- Club Med
- PIC
- Etc.

- Shangri-La Hotel
- Marriott International
- 반얀트리 등

- RCI
- Marriott Vacation
  Club 등

신규 프로젝트 및 컨텐츠

선략석 투사사(SI) +
재무적 투자자(FI)

AMC

부동산 펀드(RCF) /
부동산 리츠(REITs)

신규 컨텐츠 유치를 위한 사업구조 모델 III

뮤직시티 (M-City)	➕	아울렛 몰 (메타브랜드 그룹)	➕	식음 몰 (F&B Mall)	➕	엔터테인먼트/ 게임사

• CJ ENT.
• YG ENT.
• SM ENT.
• 음악스쿨
• 음반제작 스튜디오
• 공연기획 벤처센터
		• 메타브랜드
		  패션그룹 등
				• CJ 푸드빌
				• 풀무원
				• 푸드코트
				  (Food court)
				• 테마 레스토랑 등
						• 세가사미
						  (Sega sami)
						• CGV
						• 뽀로로 파크 등

신규 프로젝트 및 컨텐츠

해외 투자기업	국내 투자기업	부동산 펀드(REF) / 부동산 리츠(REITs)

개발 컨셉 및 기본 구상

마리나 존
리조트 & 스파 존
트로피컬 아일랜드 존
퀸즈 선상 테마파크 존
M-시티 존
워터프론트 컨퍼런스 호텔
테마파크 존
타운센터 존
월드 마린 센터
차이나타운 존

멈출 수 없는 공간개발의 미래과제와
부동산 투자의 새로운 시각

초판 1쇄 2022년 3월 15일

지은이 최준호
펴낸이 서정희   **펴낸곳** 매경출판㈜
기획제작 ㈜두드림미디어
책임편집 우민정   **디자인** 노경녀 n1004n@hanmail.net
마케팅 강윤현, 이진희, 장하라

매경출판㈜
등록 2003년 4월 24일(No. 2-3759)
주소 (04557) 서울특별시 중구 충무로 2(필동 1가) 매일경제 별관 2층 매경출판㈜
홈페이지 www.mkbook.co.kr
전화 02)333-3577
이메일 dodreamedia@naver.com
인쇄 · 제본 ㈜M-print 031)8071-0961
ISBN 979-11-6484-375-6(03320)

📍 부동산 도서 목록 📍

📍 부동산 도서 목록 📍

부동산 도서 목록